Orto grafía

práctica al día

Orto grafía

práctica al día

Jorge Treviño

EDITORIAL TRILLAS

México, Argentina, España,
Colombia, Puerto Rico, Venezuela

Catalogación en la fuente

Treviño, Jorge
    Ortografía práctica al día. -- 7a. ed. -- México :
Trillas, 1990 (reimp. 1992).
        125 p. ; 23 cm.
        ISBN 968-24-4151-X

        1. Español - Ortografía y deletreo. I. t.

    LC- PA2123'T7.6   D- 465'T836o   144

Al señor profesor don Enrique C. Treviño

A mis padres

Derechos reservados
© 1967, Editorial Trillas, S. A. de C. V.,
Av. Río Churubusco 385, Col. Pedro María Anaya,
C.P. 03340, México, D. F.

Miembro de la Cámara Nacional de la
Industria Editorial. Reg. núm. 158

Primera edición, 1967
Segunda edición, 1969
    Reimpresión, mayo 1971
Tercera edición, 1971
Cuarta edición, 1972
Quinta edición, 1974 (ISBN 968-24-0081-3)
    Reimpresiones, 1975, 1976, 1977, 1978, enero y
    diciembre 1979, 1980, 1981, enero y noviembre 1982,
    1983, 1984, 1985, 1986 y 1988
Sexta edición, 1989 (ISBN 968-24-3266-9)
Séptima edición, 1990 (ISBN 968-24-4151-X)

Primera reimpresión, julio 1992

Impreso en México
Printed in Mexico

Preámbulo

Líneas informativas. Publicado por Editorial Trillas, S. A., de reconocido prestigio por su labor en el campo didáctico, sale a la luz el presente libro, titulado Ortografía práctica al día, del que es autor el acreditado profesor Jorge Treviño, especializado en materia gramatical a lo largo de sus actividades docentes.

Breve comentario. He leído con suma atención dicho libro, antes de publicarse, en virtud de haber aceptado el encargo, tan honroso cuan inmerecido, de expresar por escrito mi parecer acerca de él, y a consecuencia del vivo interés que despierta en mi ánimo cuanto se refiere e invita al estudio de las cuestiones idiomáticas, en cualquiera de sus aspectos fundamentales. Se trata de un manual destinado, como su propio nombre lo indica, a cumplir un objetivo didáctico. Este intento cultural bastaría por sí solo para justificar su valimiento. No es de dudar que le da con mucho una característica particular de suyo significativa. Pero hay algo más por decir a continuación.

Sobre el contexto. El autor divide la composición de su opúsculo en *nueve lecciones*, en cada una de las cuales ofrece un copioso material lingüístico de ejemplificación que supone un esfuerzo perseverante, adecuada a los diversos casos a que corresponde: el uso de las mayúsculas, de los acentos, de los signos de puntuación, precedida de las reglas correlativas, expuestas en forma sencilla, clara e inteligible, y con ejercicios suficientes para facilitar el aprendizaje; por donde se ve que el autor sigue el sistema pedagógico moderno, esencialmente práctico, sin caer en el reprochable error de teorizar con la enunciación de anquilosadas definiciones rutineras, sobre las que se acostumbraba machacar en las gramáticas de antaño, creando así un monótono "memorismo" verbal, que servía únicamente para malograr el verdadero cultivo de la inteligencia.

5

Singular importancia tiene la parte destinada a la tarea explicativa de las principales normas académicas de 1959, que, como elementos complementarios, vienen en ayuda de la modernidad del libro, y no menos importancia tiene también su publicación íntegra en otras páginas, porque su necesaria generalización habrá de ser realmente provechosa.

Es de notarse que el autor hace figurar en su tratado dos catálogos alfabéticos: el uno, de voces sinónimas, y el otro, de voces homófonas, para darle mayor extensión, a buen seguro, al conocimiento del lenguaje. E incluye, además, al final del texto, como lo hace mismamente la *Gramática Española*, un vocabulario de consulta de palabras que ofrecen duda.

Conclusión. Por lo que se ha dicho, se comprenderá fácilmente el servicio útil que puede prestar esta ORTOGRAFÍA PRÁCTICA AL DÍA a los alumnos estudiosos, a las gentes de mediana cultura, y aun a no pocos profesionistas que, a causa de no escribir con corrección, reducen a menos el concepto estimativo de que gozan en la convivencia humana.

Y, por esto mismo, merece una buena acogida del público lector.

ADRIÁN ODILÓN VALADÉS

6

Indice general

Lección primera

definición
alfabeto
mayúsculas
uso de la B, V, G, J

Ortografía es la parte de la Gramática que enseña a escribir correctamente por el acertado empleo de las letras y de los signos auxiliares de la escritura.

ALFABETO

Aa	Bb	Cc	CHch	Dd	Ee	Ff	Gg	Hh	Ii	Jj	Kk
a	be	ce	che	de	e	efe	ge	hache	i	jota	ka

Ll	LLll	Mm	Nn	Ññ	Oo	Pp	Qq	Rr	Ss	Tt	Uu	Vv
ele	elle	eme	ene	eñe	o	pe	cu	erre ere	ese	te	u	uve

Ww	Xx	Yy	Zz
v doble	equis	ye	zeda o zeta

USO DE LAS MAYÚSCULAS

Deberán escribirse con mayúscula:

1. La primera palabra de un escrito y la que vaya después de punto y seguido o punto final.

2. Todo nombre propio: Pedro, Rodríguez, Colombia, San Luis Potosí.

3. Los atributos divinos: el Salvador, el Redentor.

4. Los títulos y nombres de dignidad: el Santo Padre, el Príncipe Bernardo.

5. Los apodos: Chucho el Roto.

6. En cargos importantes, cuando equivalgan a nombres propios: el Papa, el Rey.

7. Las palabras que formen el nombre de una institución, cuerpo o establecimiento: Museo de Antropología, Banco Comercial Mexicano, S. A.

11

8. Los nombres y adjetivos que entraren en el título de cualquier obra: Mecanografía al Tacto, Ortografía Práctica.

9. Los tratamientos, y especialmente si están abreviados: Sr., D., Ud., Uds., Sra., Srta., Lic., Dr.

10. La letra inicial de cada verso.

11. La numeración romana: Juan XXIII, Paulo VI.

12. En las palabras que empiecen con **Ch** o **Ll,** solo llevará mayúscula la **C** y la **L,** que son primera parte de estas letras compuestas o dobles: Llamas, Cháirez, Chávez.

REGLAS PARA EL USO DE LA B

Toda palabra en que se encuentre este sonido antes de una consonante.

EJEMPLOS:

ablativo	brocha	inexplicable
abrevadero	broche	irreprochable
absolutamente	broma	lamentable
absorber	bronco	libra
absorto	Bruno	libre
abstinencia	cable	libreta
abstracto	cablegrama	libro
abyecto	cabra	liebre
admirable	cobrar	lumbre
alambrado	cobre	membrete
alumbrado	comestible	mimbre
amable	considerable	miserable
Ambrosio	cubrecama	navegable
apacible	culpable	neblina
aplicable	desagradable	noble
blanco	despreciable	nombre
blancura	emblema	noviembre
blando	embrollo	nublado
bledo	embrujo	objeto
blindado	empobrecer	obligatorio
bloque	enjambre	oblicuo
blusa	flexible	obrar
bracero	hambre	obrero
Brasil	hembra	obsequio
bravo	hombre	obstruir
brazo	imposible	obtener
brea	improrrogable	obvio
breva	incalculable	pobre
breve	indispensable	posible
brisa	indudable	probable

problema	sable	sombra
publicado	saludable	sombrilla
pueblo	sembradura	variable
quebrado	sobre	vibrar
roble	sobrepuesto	visible
retablo	sobriedad	vocablo
rublo		

Las palabras terminadas en **bilidad, bundo** y **bunda.** Se exceptúan *civilidad, incivilidad* y *movilidad*.

EJEMPLOS:

amabilidad	habilidad	probabilidad
contabilidad	impermeabilidad	respetabilidad
culpabilidad	meditabundo	responsabilidad
divisibilidad	moribundo	sensibilidad
estabilidad	posibilidad	vagabunda

Los infinitivos con los sonidos finales **bir** y todas las voces de los verbos. Se exceptúan *hervir, servir* y *vivir,* y sus compuestos:

concebir	exhibir	prescribir	subir	recibir
escribir	percibir	proscribir	suscribir	transcribir

Los infinitivos y todas las voces de los verbos deber, caber, haber, beber y **saber:**

beba	debemos	habían	sabéis	sabido
bebe	debes	habido	saben	sabría
bebemos	debidos	habrán	sabes	sabrían
bebimos	había	sabe	sabía	sabrías

Las terminaciones **ba, bas, bamos, bais** y **ban** de los pretéritos imperfectos de indicativo correspondiente a los verbos de la primera conjugación:

amaba	contaba	felicitabais
arruinaba	contaban	gobernabais
caminábamos	desempeñábamos	luchabas
cazaba	encomendabas	posaba
cocinabas	esperabais	rezaban
comprobábamos	esperaban	terminaba
consultaba	estudiábamos	

El pretérito imperfecto de indicativo del verbo ir: *iba, íbamos, ibais, iban.*

Los vocablos que principian con los sonidos **bibl** o con las sílabas **bu, bur** y **bus:**

bíblico	bucanero	bufete	burócrata	busto
biblioteca	búcaro	burla	buscar	buzo
bibliotecario	búfalo	buró	búsqueda	buzón

Toda voz que termine con este sonido: Jacob, Job, querub
Después de **m** siempre va **B:**

ambos	combate	embajada	embolia	embutir
ambrosía	combustible	embajador	embrague	rombo
cambio	cumbre	embellecer	embuste	siembra

REGLAS PARA EL USO DE LA V

Después de **n** siempre va **V:**

convención	convocatoria	invertir
convenido	envasar	investidura
conveniencia	enviar	investigable
convenio	envidia	investigación
convenir	envuelto	investigador
convento	invadir	investigar
convicto	invencible	investir
convincente	inventar	inveteradamente
convivir	invernadero	invicto
convoca	invertebrado	invierno

Las voces que principian con la sílaba **ad:**

advenedizo	adverbio	adversidad	advertido
advenimiento	adversamente	adverso	advertir
adventicio	adversario	advertencia	adviento
adverbial	adversativo	advertidamente	advocación

Los adjetivos terminados en los sonidos **ava, ave, avo, eva, eve, evo, iva, ivo:** *Octava, grave, esclavo, nueva, aleve, longevo, decisiva, activo.* Se exceptúan árabe y los compuestos del sustantivo sílaba; como *bisílaba, trisílaba, trisílabo.*

Los presentes de indicativo, imperativo y subjuntivo del verbo ir, y el pretérito indefinido y pretérito imperfecto y futuro de subjuntivo de los verbos estar, andar, tener y sus compuestos: *voy, ve, vaya, vayamos, estuvo, estuviéramos, estuviere, anduve, tuviste, tuviera.*

14

Los vocablos compuestos que principian con las dicciones **vice, villa;** como *vicealmirante, vicecónsul, vicecanciller, vicegerente, vicegobernador, vicerrector, vicesecretario, vicepresidente, vicetesorero, villancico, villano, villorrio.*

Las voces terminadas en **viro, vira** y en **ivoro, ivora;** como *Elvira, herbívoro, carnívoro,* menos *víbora.*

USO DE LA G

La **G** tiene dos sonidos: uno suave, como en las palabras *gama, glorieta,* y otro fuerte, idéntico al de la **j,** como en *gentilicio.*

Se escribirán con g

1. Las palabras en que precede con sonido suave a las vocales **a, o, u** o a cualquier consonante, o en que termina sílaba: *dogmático, gana, glacial, grito, guano, halago.*

2. Las palabras en que tienen sonido suave con las vocales **e, i.** En tal caso, se pone entre la **g** y cualquiera de estas vocales una **u,** que no se pronuncia: *guerrero, guiar.*

Cuando la **g** y la **u** han de tener sonido independiente, precediendo a la **e** o a la **i,** es forzoso que la **u** lleve dos puntos encima; como en *antigüedad, desagüe.*

Reglas

1. Las que terminan en **gen;** como *origen* y *margen,* menos *comején.*

2. Las que terminan en **gélico, genario, géneo, génico, genio, génito, gésimo** y **gesimal:** *Angélico, octogenario, heterogéneo, fotogénico, ingenio, segundogénito, trigésimo, cuadragesimal.*

3. En **giénico, ginal, gíneo:** *Higiénico, original, virgíneo.*

4. En **gia, gio, gión, gional, gionario, gioso** y **gírico:** *Magia, litigio, religión, regional, legionario, prodigioso* y *panegírico.*

5. En **ogía, ógica, ógico:** *teología, lógica* y *patológico.*

6. En **ígena, ígeno, ígera, ígero:** *indígena, oxígeno, alígera* y *belígero.*

7. Los infinitivos terminados en los sonidos **igerar, ger, gir:** como *morigerar, proteger, fingir,* y las voces de la conjugación de estos verbos; exceptuados los sonidos **ja, jo,** que nunca se pueden representar con la **g.** Así, se escribe: *protege, fingía, proteja, finjo.* Se exceptúan *tejer* y *crujir.*

SE ESCRIBEN CON J

1. Las voces en que entra el sonido fuerte **ja, jo, ju:** *jarro, joya, júbilo.*

2. Las palabras con el mismo sonido fuerte **je, ji,** derivados de voces en que entra el de la **j** con las vocales **a, o, u:** *cajeta, cajita,* de caja; *herejía,* de hereje; *lisonjear,* de lisonja; *cojear,* de cojo; *ojear,* de ojo; *rojizo,* de rojo.

3. El sufijo **-aje** y toda palabra terminada en **-aje** se escribirá con **j:** *Abordaje, embalaje, hospedaje, montaje, pasaje, traje, ropaje.*

4. Las palabras que acaben en **-jería** como *cerrajería.*

5. Las personas de los verbos cuyos infinitivos lleven esta letra; como *cruje,* de crujir; *trabaje,* de trabajar.

6. Las personas de verbo en que por irregularidad entran los sonidos **je, ji,** sin que en los infinitivos haya **g** ni **j:** *aduje, adujimos,* de aducir; *dije, dijimos,* de decir.

Lección segunda

Uso de la X, S, C

USO DE LA X

La **X** tiene el valor fonético de **cs** o **gs**, y nunca el de **s** sola. Así, *extraño* y *axioma* sonarán como *ecstraño* y *acsioma*.

Ex es una preposición inseparable. Antepuesta a nombres y adjetivos de persona, para indicar que esta ha dejado de ser lo que aquellos significan. Ej.: *ex ministro*.

No hay reglas fijas para el estudio de la **x**, por lo que recomendamos el estudio de las siguientes palabras que llevan **x**:

asfixia	excomulgar	éxodo	expresión
axioma	excoriación	exonerar	expreso
exabrupto	excrecencia	expansión	exprimir
exacción	excreción	expatriarse	expropiar
exacerbar	excursión	expectación	expulsar
exacto	excusa	expectorar	exquisito
exagerar	excusión	expedición	éxtasis
exaltar	execrar	expediente	extemporáneo
examinar	exégesis	expedir	extender
exangüe	exención	expedito	extensión
exánime	exentar	expeler	extenuar
exasperar	exequias	expender	exterior
excarcelación	exfoliación	expensas	exterminar
excarcelar	exhalación	experiencia	externo
excavar	exhalar	experimentar	extinguir
exceder	exhausto	experto	extirpar
excelencia	exheredar	expiar	extorsión
excelso	exhibir	explayar	extractar
excéntrico	exhortar	explicar	extradición
excepción	exhumar	explícito	extraer
exceptuar	exigir	explorar	extrajudicial
exceso	exigüidad	explosión	extramuros
excitar	eximio	explotar	extranjero
exclamar	eximir	exponer	extraño
exclaustrado	exinanición	exportar	fénix
excluir	existir	expósito	hexaedro
exclusive	éxito	expresar	hexágono

inexorable	intoxicar	ónix	sexo
inexpugnable	léxico	pretexto	sexto
inextinguible	luxación	reflexivo	tórax

Se escriben con **x** unas pocas voces terminadas en **-ion** que tienen palabras afines terminadas en **-jo, -xo, -xible:**

anexo	flexible	anexión	flexión
complejo	inflexible	complexión	inflexión
crucifijo	reflejo	crucifixión	reflexión

USO DE LA S

Se usa esta letra en los siguientes casos:

1. En los adjetivos terminados en **-oso, -osa,** y que son numerosísimos en castellano:

afanoso	ansiosa	chistosa	laboriosa
afectuosa	arenosa	famoso	malicioso
ambiciosa	belicosa	gloriosa	minucioso

2. En los nombres terminados en **-ismo,** como *abismo, egoísmo, cinismo,* etc.

3. Todo plural de un nombre acaba en **s:** *mes, meses; lápiz, lápices.*

4. La partícula **-se,** que se une a los verbos y forma multitud de dicciones compuestas: *hízose, mostrarse, asustarse,* etc.

5. La terminación **-sivo** se escribe con **s:** *alusivo, comprensivo.*

6. Toda palabra terminada en **-sis** se escribe con dos eses: *tesis, crisis, dosis,* etc.

7. Se escriben con **s** las voces en **-ión** que tienen palabras afines terminadas en **-so, -sor, -sivo:**

| adhesión | compresión | confesión |
| adhesivo | compresor | confeso |

8. Toda palabra terminada en **-ista** se escribe con **s:** *artista, conquista, lista, pista, realista.*

9. Las terminadas en **-sión** cuando a esta sílaba preceden **l** o **r;** como *convulsión, conversión,* etc.

10. En las terminadas en **-sión,** cuyas dos últimas sílabas son **-esión** o **-misión;** como *concesión, dimisión,* etc.

20

11. Los superlativos en -ísimo, -ísima:

amabilísimo	bonísimo	finísimo	novísimo
bellísimo	fidelísimo	fortísimo	ternísimo

12. Las palabras terminadas en -ersa, -erso:

adversa	dispersa	persa
adverso	disperso	terso

13. Las palabras terminadas en -esta, -esto, se escriben con s:

amonesta	dispuesta	honesta	pospuesto
antepuesta	encuesta	impuesto	propuesta
compuesta	fiesta	manifiesta	puesto
contesta	floresta	manifiesto	repuesto
cuesta	funesta	orquesta	resto

USO DE LA C

1. Las voces procedentes de otras que terminan en **z**; como *capaces, jueces, felices, felicitar,* de capaz, juez, feliz.

2. Los sonidos fuertes **ca, co, cu** *(cara).* Pero el sonido fuerte con las vocales **e, i,** se escribe así: **que, qui** *(quita).*

3. Los sonidos fuertes ante consonante *(actitud).*

4. A final de palabra, si el sonido es fuerte se escribe con **c** *(frac).*

5. Toda palabra terminada en **-ación** se escribe con **c** cuando es afín de un participio terminado en **-ado:**

abjurado	abjuración
abreviado	abreviación
acelerado	aceleración
acentuado	acentuación
aceptado	aceptación

6. Las voces terminadas en **-ancia** se escriben con **c**, a excepción de **ansia:**

abundancia	discrepancia
arrogancia	distancia
circunstancia	extravagancia
comandancia	rancia

Algunas voces terminadas en **-ancio:** *bizancio, cansancio, Constancio, rancio,* etc.

7. Las terminaciones **-icia, -icie** se escriben siempre con **c**:

acaricia	alimenticio	codicia	inicie
acaricie	artificio	desperdicio	maleficio
acomodaticio	avaricia	delicia	molicie
adventicia	beneficia	ficticia	planicie
ajusticia	bullicio	franquicia	propicie
alimenticia	caricia	impericia	superficie

8. Las terminaciones en **-acia, -acio**:

aristocracia	eficacia	prefacio
audacia	espacio	reacio
democracia	gracia	suspicacia
desgracia	ineficacia	topacio
diplomacia	perspicacia	

Menos: *antonomasia, paronomasia, gimnasia, potasio, Asia, Atanasia* y algunos otros nombres de persona.

9. Las voces terminadas en **-cimiento** y derivadas de verbos **acabados** en **-cer** y **-cir,** llevan siempre **c**:

agradecimiento	fallecimiento
engrandecimiento	merecimiento
esparcimiento	ofrecimiento
entorpecimiento	reconocimiento

Duplicación de la **c**:

acceder	calefacción	inacción	occidente	reelección
accesible	colección	infección	occiso	refracción
accesorio	conducción	inspección	predicción	restricción
accidente	confección	inyección	predilección	satisfacción
accionista	diccionario	lección	protección	selección

10. Las palabras terminadas en **-ucia**: *astucia, minucia, sucia,* menos *Rusia, Prusia*.

11. Todos los verbos terminados en **-ecer**: *amanecer, atardecer, anochecer, adormecer, embellecer, endurecer, enmudecer, enriquecer, entorpecer, establecer, favorecer, humedecer, oscurecer, fallecer, florecer, obedecer, padecer, parecer*.

12. Toda palabra terminada en **-encia**: *ausencia, beneficencia, presencia, sentencia*.

13. Toda palabra terminada en **-ición,** que sea afín de un participio en **-ido**:

abolido	abolición
adquirido	adquisición
definido	definición
demolido	demolición

Lección tercera

Uso de la Z, H, SC, K, M, N, Q, R, RR, Y, W

USO DE LA Z

1. Algunas palabras terminadas en **-izo:** *caballerizo, pasadizo.*

2. Algunos vocablos terminados en **-eza:** *alteza, corteza, delicadeza, dureza, extrañeza, fineza, firmeza, fortaleza, grandeza, limpieza, nobleza, riqueza, tristeza.*

3. Palabras terminadas en **-azo,** expresando golpe: *abanicazo, hachazo, navajazo, manotazo.*

4. Los aumentativos terminados en **-azo, -aza:** *hombrazo, mujeraza.*

5. Los adjetivos terminados en **-az,** como: *audaz, falaz,* etc.

6. En los apellidos españoles terminados en **z,** y especialmente en **-ez,** como *González, Gutiérrez, Álvarez.*

7. Se escriben con **z** las formas irregulares de los verbos terminados en **-acer, -ecer, -ocer, -ucir.** Ejs.: *Nacer, crecer, conocer, conducir; nazco, crezco, conozco, conduzco.*

8. En los diminutivos y despectivos terminados en **-zuelo, -zuela,** como: *ladronzuelo, portezuela,* etc.

9. En los sustantivos terminados en **-azgo** o en **-anza,** y los femeninos agudos terminados en **-ez** o en **-zon:** *hallazgo, mayo. azgo; confianza, esperanza,* menos *gansa; aridez, niñez, picazón, ramazón.*

10. Verbos terminados en **-izar:**

alcoholizar	dogmatizar	generalizar	profetizar
amortizar	electrizar	horrorizar	profundizar
armonizar	encolerizar	hostilizar	pulverizar
atemorizar	entronizar	indemnizar	ridiculizar
canonizar	esclavizar	inmortalizar	satirizar
caracterizar	familiarizar	inmunizar	simbolizar
cauterizar	fertilizar	magnetizar	solemnizar
cristalizar	fiscalizar	moralizar	tiranizar
descuartizar	formalizar	organizar	utilizar
divinizar			

25

Menos: *alisar, anisar, avisar, decomisar, frisar, guisar, pesquisar, pisar, precisar, visar, divisar, encamisar, improvisar,* etc.

11. **-Iz,** agente femenino: *actriz, directriz, emperatriz.*

USO DE LA H

Se escriben con **h**:

1. Las palabras que empiezan por los sonidos **hidr-, hiper-, hipo-.** Ejemplos: *Hidratable, hipertensión, hipótesis.*

2. Las que comienzan por el diptongo **ue-** *(huevo, hueso)* y sus derivados, siempre que mantengan el diptongo *(deshuesar;* pero no *osamenta, ovario).*

3. *He, ha, has* llevan **h** cuando van seguidas de una palabra terminada en **-ado,** o **-ido,** o cualquier participio, pues entonces son formas del verbo haber *(he marchado).*

4. Los compuestos y derivados de los vocablos que tengan esta letra; como *deshacer,* de hacer.

5. Los compuestos del verbo **haber** *(había, habremos, he,* etc.) y del verbo **hacer** *(hagas, haríais, hacemos,* etc.).

6. Las palabras que empiezan por **ie-, ia-, ui-:** *hielo, hiato, huir.*

7. Las palabras que empiezan por **hexa** (seis), **hepta** (siete), **hecto** (ciento). Ejs.: *hexágono, heptasílabo, hectolitro.*

8. En las interjecciones *¡ah!, ¡eh!, ¡oh!, ¡hola!*

USO DE LA SC

1. En los verbos compuestos de la partícula **des** y otra palabra que empiece por **ce** o por **ci;** como *descifrar, descercar, descinchar.*

2. En los verbos cuyo infinitivo acaba en **-cender,** a excepción de *encender.* Ejs.: *ascender, descender, condescender.*

3. En los adjetivos *doscientos, trescientos* y *seiscientos.*

Lista de palabras que llevan sc

absceso	escena	oscilar	reminiscencia
adolescencia	escenógrafo	miscelánea	rescindir
disciplina	escéptico	piscina	susceptible
discípulo	lascivo	plebiscito	suscitar
efervescencia	obscena	prescindir	víscera

26

USO DE LA K

K. Duodécima letra del abecedario español, y novena de sus consonantes. Su nombre es **ka**, y su articulación es velar, oclusiva y sorda. No se emplea sino en voces de procedencia griega o extranjera, y durante muchos años ha estado en desuso. Suplíasela con la **c** antes de la **a**, la **o** y la **u**, y con la **q**, seguida de esta última vocal, antes de la **e** y la **i**; y se la suple aun de igual modo en muchos vocablos que la tienen en lenguas de que la nuestra los ha tomado.

ka	kermes	kilogramo	kirie
káiser	kif	kilohercio	kirieleisón
kan	kili	kilolitro	krausismo
kantiano	kiliárea	kilométrico	krausista
kantismo	kilo	kilómetro	kurdo
kappa	kilociclo	kilovatio	
kéfir	kilográmetro	kiosco	

USO DE LA M

La letra **m** se pone siempre, y no **n**, antes de **b** o **p** *(ambos, campo)*, y también suele preceder a la letra **n** *(alumno)*:

amnistía	combate	embuste	hambre	siempre
amparar	compra	empezar	himno	solemnidad
amplitud	comprobar	estambre	imberbe	también
amputar	compuesto	gimnasta	ómnibus	temporal

USO DE LA N

Se usa la **n** antes de la **v**; la **n** siempre precede a la **f**:

anfibio	infecundo
convento	inferior
enfrente	invisible
enviar	tranvía

Duplicación de la **n**:

connotar	innegable	innumerable
innato	innoble	perenne

innavegable	innovador	sinnúmero
innecesario	innovar	

La Academia ya autoriza no escribir la **n** en la sílaba **trans** en las siguientes palabras:

trasatlántico	trasgresión	trasmitible
trascender	traslación	trasmutación
trascripción	trasladar	traspiración
trasfiguración	traslúcido	trasplantar
trasformación	trasmigración	trasposición
trasfusión	trasmisión	trasverberación

USO DE LA Q

Únicamente forma sílaba con la **e, i,** mediante interposición de la **u,** que pierde su sonido: *ca, que, qui, co, cu:*

que	quebrar	querella	quevedos
quebrada	quedar	querellarse	quien
quebradizo	quehacer	querencia	quilate
quebrado	quejarse	querer	quincenal
quebrador	quejido	querido	quintal
quebrantahuesos	quemadura	queroseno	quizá

USO DE LA ERE Y ERRE

La **r** tiene dos sonidos: uno suave, como en *aire,* y otro fuerte, como en *república.*

Representamos el sonido suave con una sola **r.** Ejs.: *cara, olivar.*

El sonido fuerte se representa también con una sola **r** a principio de palabra y cuando en medio de dicción va precedida por las consonantes **n, s;** como en *honra, israelita, regla, rosa,* etc.

En los demás casos, el sonido de **r** fuerte se representa con **r** doble (**rr**): *barril, cerro, parra.*

En los compuestos cuyo segundo elemento comienza con **r,** esta debe duplicarse: *contrarrevolución, radiorreceptor,* etc.

USO DE LA Y

Se escribe **y** con el sonido vocal de **i:**

28

1. Cuando esta vocal es conjunción: *Manuel y Roberto; cielo y tierra.*

2. Cuando, precedida de una vocal, termina la palabra: *convoy, ley, muy, rey, soy.* Se exceptúan **benjuí** y la primera persona del pretérito indefinido de los verbos de la segunda y tercera conjugación en que a la **i** terminal precede otra cualquier vocal, forme o no diptongo con ella. Ejs.: *fui, recaí, huí,* etc.

3. No se debe escribir *Ygnacio, Ysabel,* sino *Ignacio, Isabel. Hiedra* y *hierba* se pueden escribir indistintamente así, o *yedra, yerba.*

4. En lugar de la conjunción **y,** empleamos **e** ante palabras que empiecen por **i** o **hi.** Ejs.: *Manuel e Isabel estudian; madre e hija reposan.* Se conserva la **y** si la palabra siguiente empieza con **hie:** *Agua y hielo, lobos y hienas; acero y hierro.*

5. En principio de interrogación, se debe conservar la **y:** *¿Y Higinio?*

USO DE LA W

Vigésima sexta letra del abecedario español, su nombre es *v doble.* No se emplea sino en voces de procedencia extranjera. Se pronuncia como *b* en nombres propios de personajes godos (Wamba), en nombres propios o derivados procedentes del alemán *(Wagner, wagneriano).*

En vocablos de procedencia inglesa conserva la pronunciación de *u (Washington, washingtoniano).*

Palabras que llevan *w:*

watt
wéber
weberio
weimarés
wellingtonia
westfaliano

Lección cuarta

De los acentos

DE LOS ACENTOS

1. Diptongo es el conjunto de dos vocales diferentes que se pronuncian en una sola sílaba. A los efectos ortográficos, no hay diptongo sino cuando las vocales extremas, *i, u* se juntan entre sí o con cualquiera de las de articulación intermedia *e, a, o*; v. gr.: *viuda, ruido, jaula, Juana, cielo, fuego, odio.*

2. La *i* es la vocal de articulación extrema anterior o palatal; la *u,* la extrema posterior o velar. Las demás, por el mismo orden con que han sido enumeradas, se producen en la zona articulatoria intermedia de la cavidad bucal.

3. Triptongo es el conjunto de tres vocales que forman una sola sílaba. Para que haya triptongo se han de unir dos vocales extremas a una intermedia, como en *buey, amortiguáis, despreciéis.*

4. Para los efectos del acento gráfico, nunca forman diptongo dos vocales intermedias: *Bil-ba-o, po-e-ta, hé-ro-e, de-ca-e.*

5. Con estos antecedentes fonológicos es muy fácil la aplicación de las reglas que siguen para el buen uso del acento ortográfico.

6. Palabras agudas. Son aquellas que cargan la fuerza de su pronunciación en la última sílaba. Se acentúan las que tengan más de una sílaba, terminadas en **n, s,** o vocal: *Rubí, anís, zepelín.*

Entonces, no se acentuarán cuando sean monosílabas o terminen en consonante que no sea **n** o **s**: *Da, ras, pie, gas, tamiz, Beatriz, ti, res, pies, tras, cariz, Muñoz, fe, Dios, tren, feliz, directriz, fin, Juan, crin, Ortiz, Meraz, eficaz. motriz. honradez, va, distribuir.*

7. Palabras graves. Son aquellas que cargan la fuerza de su pronunciación en la penúltima sílaba. Se acentúan las terminadas en consonante que no sea **n** o **s**: *Táctil, cráter, dátil,* y continúan con acento al convertirse en esdrújulas: *táctiles, cráteres, dátiles.*

Por lo tanto, no se acentúan si terminan en vocal, en **n** o **s**: *Lava, leve, cabo, abdomen, tisis, tesis, crisis, dosis, aborigen, orden, examen, germen, sintaxis, virgen, margen, volumen, Carmen, dic-*

33

tamen, certamen, joven, resumen, crimen, gastritis. Las que llevan plural sí se acentúan: *exámenes, volúmenes, jóvenes.*

8. Palabras esdrújulas. Son aquellas que cargan la fuerza de su pronunciación en la antepenúltima sílaba. Todas llevan acento: *atómico, línea, héroe.*

9. Palabras sobresdrújulas. Son aquellas que cargan la fuerza de su pronunciación hasta tres y aun cuatro sílabas antes de la última. Todas llevan acento: *Comprobándosele.*

10. El triptongo se acentúa en la vocal intermedia: *Averiguáis, despreciéis.*

11. Monosílabos. Solo se acentuarán cuando haya dos con distinta función gramatical:

No llevan acento:

el,	artículo	el libro
mi,	pronombre posesivo y nota musical	mi casa; Concierto núm. 4 para arpa y orquesta en *mi* bemol de F. Petrini.
tu,	pronombre posesivo	tu lápiz
mas,	sinónimo de pero	mas, ¿qué esperas?
si,	conjunción condicional y nota musical	si quieres, iré Sinfonía núm. 8 en *si* menor de Schubert
de,	preposición	Escuela de Música
se,	pronombre personal reflexivo	ella se lava
te,	pronombre personal	ellos te buscan

Sí llevan acento:

él,	pronombre personal	él estudiará
mí,	pronombre personal	a mí me gusta el estudio
tú,	pronombre personal	tú eres aplicado
más,	adverbio de comparación o de cantidad y signo de la suma	Pablo es más alto que Miguel dos más tres son cinco
sí,	pronombre y adverbio de afirmación	a sí mismo se alaba ¿vas a ir? Sí
dé,	tiempo del verbo dar	no dé vuelta en rojo
sé,	persona de los verbos ser y saber. Presente indicativo	sé obediente. Yo sé mi lección

té, de saber e imperativo de ser
nombre de una planta   ¿quieres té?

12. *Di* de los verbos decir y dar y *ve* de los verbos ver e ir nunca llevan acento porque desempeñan la misma función gramatical, es decir, son formas verbales.

13. Los tiempos de verbos que llevan tilde la conservan aun cuando acrecienten su terminación con un enclítico: *Rogóme, pidióle, reuniólos, llevóla.*

14. La preposición **a** y las conjunciones **e, o, u,** no llevando acento prosódico, tampoco lo llevan escrito. Únicamente la **o,** cuando por hallarse inmediata a cifras pudiera confundirse con el cero; así 7 ó 9 nunca podrá tomarse por 709.

15. Las voces latinas o de otras lenguas, usadas en la nuestra, se sujetarán a las leyes prosódicas de las palabras castellanas: *tedéum.*

16. La mayor acentuación prosódica que en la cláusula toman determinadas voces cuando se emplean, ya separadas de aquellas a quienes se refieren, ya con énfasis, ya en tono interrogativo o admirativo, requieren acento: *¿Cuál es el tuyo? Dime cúyo es este lápiz. ¡Qué mal se ve! ¡Cuánto trabaja!*

17. Cuando un vocablo simple entre a formar parte de un compuesto como primer complemento del mismo, se escribirá sin el acento ortográfico que como simple le habría correspondido: *decimoséptimo, asimismo, rioplatense, piamadre.*

18. Se exceptúan de esta regla los adverbios en **-mente,** porque en ellos se dan realmente dos acentos prosódicos, uno en el adjetivo y otro en el nombre **mente.** La pronunciación de estos adverbios con un solo acento, es decir, como voces llanas, ha de tenerse por incorrecta. Se pronunciará, pues, y se escribirá el adverbio marcando en el adjetivo el acento que debiera llevar como simple: *ágilmente, cortésmente, lícitamente.*

19. Los compuestos del verbo con enclítico más complemento (tipo *sabelotodo*) se escribirán sin el acento que solía ponerse en el verbo.

EJEMPLOS:

curalotodo, siguemepollo, sanalotodo, metomentodo.

20. En los compuestos de dos o más adjetivos unidos con guión, cada elemento conservará su acentuación prosódica y la ortográfica si le correspondiere: *hispano-belga, anglo-soviético, cántabro-astur, histórico-crítico-bibliográfico.*

35

20 bis. Los infinitivos en **-uir** seguirán escribiéndose sin tilde como hasta hoy.

Huir, construir, destruir, constituir.

21. Se declara que la **h** muda colocada entre dos vocales no impide que estas formen diptongo: *de-sahu-cio, sahu-me-rio.* En consecuencia, cuando alguna de dichas vocales, por virtud de la regla general, haya de ir acentuada, se pondrá el acento ortográfico como si no existiese la **h**: *vahído, búho, rehúso.*

Ejemplos:

rehúsa, prohíbe, prohíba, prohíbo.

22. La partícula **aun** llevará tilde *(aún)* y se pronunciará como bisílaba cuando pueda sustituirse por *todavía* sin alterar el sentido de la frase: *aún está enfermo; está enfermo aún.* En los demás casos, es decir, con el significado de *hasta, también, inclusive* (o *siquiera,* con negación), se escribirá sin tilde: *aun los sordos han de oírme; ni hizo nada por él ni aun lo intentó.*

23. Los monosílabos **fue, fui, dio, vio,** se escribirán sin tilde.

24. Los vocablos agudos terminados en **-ay, -ey, -oy, -uy,** se escribirán sin tilde: *convoy, maguey, Uruguay, taray, virrey.*

25. Los nombres propios extranjeros se escribirán, en general, sin ponerles ningún acento que no tengan en el idioma a que pertenecen; pero podrán acentuarse a la española cuando lo permitan su pronunciación y grafía originales. Si se trata de nombres geográficos ya incorporados a nuestra lengua o adaptados a su fonética, tales nombres no se han de considerar extranjeros y habrán de acentuarse gráficamente de conformidad con las reglas generales.

26. *Pentagrama* y *reuma* se escribirán sin acento, aunque con él. también son correctas.

27. La combinación **ui** se considerará, para la práctica de la escritura, como diptongo en todos los casos. Solo llevará acento ortográfico cuando lo pida el apartado *e* del número 539 de la Gramática; y el acento se marcará, como allí se indica, en la segunda de las extremas, es decir, en la **i**: *casuístico, benjuí;* pero *casuista,* voz llana, se escribirá sin acento.

36

| altruismo | altruista | beduino | fluido | jesuita |
| atribuimos | contribuiste | huida | destruido | construido |

Las palabras anteriores ya no se acentúan por ser llanas terminadas en vocal o en **s.**

El núm. 539, letra *e,* de la Gramática oficial, dice textualmente:

e) Si hay diptongo en la sílaba de las dicciones agudas, llanas o esdrújulas que, según lo prescrito, se debe acentuar, el signo ortográfico irá sobre la vocal intermedia, o sobre la segunda si las dos son extremas: *Buscapié, acaricié, averiguó, parabién, veréis, después, Sebastián, benjuí, piélago, Cáucaso, cuídese.*

28. El encuentro de vocal intermedia acentuada con extrema sin acentuar o de extrema sin acentuar con intermedia acentuada, forma siempre diptongo, y la acentuación gráfica de este, cuando sea necesaria, se hará con arreglo a lo dispuesto en el núm. 539, letra *e,* de la Gramática oficial.

El núm. 539, letra *e,* ya lo estudiamos anteriormente al tratar lo relativo a la combinación **ui.**

Cuando en una misma palabra se encuentran una vocal intermedia (**a, e, o**) y una extrema (**i, u**), o viceversa, o bien dos vocales extremas, pueden ocurrir dos alternativas: *a)* que ambas vocales formen parte de una misma sílaba en la pronunciación, en este caso, su encuentro constituye un *diptongo; b)* que las vocales formen parte de sílabas distintas en la pronunciación, en tal caso, su encuentro *no forma diptongo.*

La acentuación ortográfica de los diptongos se ajusta, en todos los casos, a las reglas generales. Cuando en virtud de esas reglas generales debe marcarse el acento, este se colocará sobre la vocal intermedia o sobre la segunda vocal, si ambas son extremas.

Ejemplos

Atraigo, tráigame, precaución, cáustico, afeite, aféitelo, deuda,
adéudanse, diácono, guardián, recién,
murciélago, pasión, semidiós,
zaguán, aguárdalo, tuétano, después, cuídese.

29. El encuentro de intermedia sin acentuar con extrema acentuada, o de extrema acentuada con intermedia sin acentuar, no forma diptongo, y la vocal extrema llevará acento ortográfico, sea cualquiera la sílaba en que se halle.

actúan	contraído	manías	rehúso
actúe	deísmo	mío	reír
ahínco	desafío	mohína	reían
ahíto	dulcería	oído	resfrío
arcaísmo	feíto	oír	retraído
ataúd	feúco	oírse	reúno
ataúdes	fíat	oírme	ríes
baúl	freír	pío	saúco
baúles	ganzúa	prohíbe	sonreímos
búho	grúa	proteína	sonreír
cacatúa	habitúo	púa	tía
cafeína	hacía	raíz	vahído
caserío	maíz	Raúl	vía

En este caso, se dejan de lado las reglas generales y el acento se coloca sobre la vocal extrema, o sobre la primera vocal, si ambas son extremas.

Ninguno de los ejemplos anteriores se debería acentuar, pues son agudas terminadas en consonante que no es **n** o **s**: *raíz*. O bien, son graves terminadas en vocal, en **n** o **s**: *proteína*, *reían*, *ataúdes*. Se acentúan para indicar que la extrema acentuada con intermedia sin acentuar o intermedia sin acentuar con extrema acentuada no forma diptongo y la vocal extrema llevará acento sea cualquiera la sílaba en que se halle.

30. La palabra *solo,* como adverbio (solamente), podrá llevar acento ortográfico si con ello se ha de evitar que se confunda con el adjetivo *solo* (sin compañía).

Cuando no haya anfibología o confusión, ya no se acentuará el adverbio *solo* (solamente).

EJEMPLOS:

Estoy *solo* y apesadumbrado   (adjetivo)
Solo asistirán al desfile los alumnos uniformados   (adverbio)

En los ejemplos anteriores, no hay acento porque en la primera frase la palabra *solo* es adjetivo.

En la segunda frase tampoco hay acento porque, aunque sea adverbio, este no se confunde con el adjetivo (sin compañía).

Sin embargo, en el siguiente ejemplo sí hay confusión:

Estuve solo una hora en el café.

Si deseamos decir *sin compañía,* no se acentuará por ser adjetivo.

Si deseamos expresar que estuve *solamente* una hora en el café, pondremos acento al adverbio para evitar la confusión con el adjetivo.

31. *Esto, eso* y *aquello* nunca llevan acento, pues únicamente desempeñan la función de pronombres demostrativos neutros.

38

32. Las mayúsculas se deben acentuar. Aunque es obvio que en los periódicos no se lleve al cabo esta exigencia gramatical.

33. El Diccionario de la Real Academia Española editado en 1970, autorizó dos formas de acentuación de una palabra, la segunda aparece después de la conjunción o: policiaco o policíaco.

La forma colocada en primer lugar se considera la más corriente en el uso actual, pero ha de entenderse que la segunda es tan autorizada y correcta como la primera.

34. Se suprimirá el acento en *Feijoo, Campoo* y demás palabras llanas terminadas en dos vocales intermedias. Ejem.: *emplee.*

35. *Bíceps, fórceps,* son palabras llanas terminadas en s; por lo tanto, no se deberían acentuar; se acentúan porque la s está agrupada con otra consonante.

36. Si una palabra aguda termina en **n** o **s**, precedida de otra consonante, no llevará acento ortográfico, como: *Canals, Isern,* a menos que esa consonante fuere precisamente otra **n** o **s**, como: *Orleáns.*

37. Algunas palabras, útiles para más de un uso, toman acento ortográfico para distinguir la función que en aquel caso desempeñan.

Adjetivos	*Pronombres*
Este libro	¿éste?
ese libro	¿ése?
aquel libro	¿aquél?
esta libreta	¿ésta?
esa libreta	¿ésa?
aquella libreta	¿aquélla?
estos libros	¿éstos?
esos libros	¿ésos?
aquellos libros	¿aquéllos?
estas casas	¿éstas?
esas casas	¿ésas?
aquellas casas	¿aquéllas?

No obstante, y según las *Nuevas normas de la Real Academia,* no es obligatorio poner el acento ortográfico en los pronombres, ya que es correcto prescindir de él cuando no se confundan con los adjetivos.

Un caso de anfibología habría en este ejemplo de Julio Casares:

Todos los amotinados traían algo con qué atacar: algunos fusiles, pocos sables y muchos palos. Así como está escrito, *algunos, pocos y muchos* se leerán como adjetivos; para que se lean como pronombres bastaría acentuarlos ortográficamente: *algúnos* (traían) *fusiles, pócos sables* y *muchos palos*, y desparecería la confusión. Pero ni siquiera en este caso sería necesario el acento; la coma lo pondría más claro aún: *algunos, fusiles; pocos, sables, y muchos, palos.*

Lección quinta

Ejercicio práctico del acento

EJERCICIO PRÁCTICO DEL ACENTO

Recomendamos a los alumnos escribir las palabras correspondientes a los números que les preceden en el vocabulario que se da a continuación, e indicar la razón por la cual el acento ortográfico está situado sobre la vocal de determinada sílaba, siguiendo esta clave:

a. Aguda de más de una sílaba terminada en vocal o en **n** o **s**.
b. Llana o grave, terminada en consonante que no sea **n** o **s**.
c. Esdrújula o sobresdrújula. Todas se acentúan.
d. El encuentro de fuerte sin acentuar con débil acentuada, o de débil acentuada con fuerte sin acentuar, no forma diptongo, y la vocal débil llevará acento ortográfico, sea cualquiera la sílaba en que se halle.

Ejemplos:

El maestro pone el siguiente ejercicio.

2 802, 34, 672, 2 706, 872

El alumno presenta su tarea de la siguiente manera.

2 802 — vitrificación	Le corresponde, *a*
34 — acíbar	Le corresponde, *b*
672 — cólera	Le corresponde, *c*
2 706 — únicamente	Le corresponde, *c*
872 — dulcería	Le corresponde, *d*

De esta manera el alumno se acostumbra a usar el vocabulario y escribir correctamente las palabras.

Ejemplos:

1 abacería	4 abecé	7 ablución
2 ábaco	5 abejón	8 abnegación
3 abadía	6 aberración	9 abogacía

10 abrasión	60 ademán	110 aglutinación
11 ábrego	61 además	111 agonía
12 ábside	62 adhesión	112 agónico
13 absolución	63 adición	113 agradabilísimo
14 absorción	64 adiós	114 agravación
15 abstención	65 adivinación	115 agresión
16 abstracción	66 adjetivación	116 agrícola
17 abúlico	67 adjudicación	117 agronomía
18 aburrición	68 adminículo	118 agronómico
19 abusón	69 administración	119 agrupación
20 abyección	70 admiración	120 aguardentería
21 acá	71 admisión	121 aguarrás
22 académico	72 admonición	122 aguijón
23 accésit	73 adoquín	123 águila
24 acción	74 adquisición	124 aguilón
25 acedía	75 adriático	125 ahí
26 acéfalo	76 adscripción	126 ahínco
27 acefalía	77 adulación	127 ahíto
28 aceleración	78 adulón	128 ajá
29 acémila	79 adulteración	129 ajajá
30 acepción	80 adúltero	130 ajonjolí
31 aceptación	81 ad valórem	131 Alá
32 acentuación	82 advocación	132 alabrán
33 acérrimo	83 aéreo	133 alazán
34 acíbar	84 aerodinámica	134 albanés
35 ácido	85 aeródromo	135 albedrío
36 acídulo	86 aerofumigación	136 albóndiga
37 aclamación	87 aeronáutica	137 álbum
38 aclaración	88 aerostática	138 álbumes
39 aclimatación	89 aerovía	139 albúmina
40 acné	90 afán	140 alcaldía
41 acólito	91 afásico	141 alcalización
42 acomodación	92 afección	142 alcancía
43 acordeón	93 afectación	143 alcázar
44 acotación	94 afectísimo	144 alcohólico
45 ácrata	95 aféresis	145 Alcorán
46 acróbata	96 afición	146 aldabón
47 acrobático	97 afidávit	147 aleación
48 acromático	98 afín	148 alegoría
49 acrópolis	99 afiliación	149 alegórico
50 acróstico	100 afinación	150 alegría
51 actuación	101 afirmación	151 alegrón
52 acuático	102 aflicción	152 alemán
53 acullá	103 afonía	153 alemánico
54 acumulación	104 afónico	154 alerón
55 acuñación	105 ágape	155 alérgico
56 acusación	106 ágata	156 alevosía
57 acusón	107 ágil	157 alfabéticamente
58 acústica	108 agitación	158 alfabético
59 adaptación	109 aglomeración	159 alfabetización

160 alfarería	210 amoríos	259 antártico
161 alféizar	211 amortiguación	260 antecámara
162 alférez	212 amortización	261 antedía
163 algarabía	213 amperímetro	262 antelación
164 álgebra	214 ampliación	263 ante merídiem
165 álgido	215 amplificación	264 antepenúltimo
166 algodón	216 ampón, ahue-	265 anteposición
167 alhóndiga	cado	266 antevíspera
168 alicaído	217 anacrónico	267 antiácido
169 alícuota	218 ánade	268 antiaéreo
170 alígero	219 analgésico	269 antialcohólico
171 alimentación	220 análisis	270 antibiótico
172 alineación	221 analogía	271 anticipación
173 almacén	222 análogo	272 anticlímax
174 almáciga	223 ananá	273 anticlimático
175 almíbar	224 anarquía	274 antídoto
176 almidón	225 anárquico	275 antiespasmódico
177 almohadón	226 anatomía	276 antiestético
178 alocución	227 anatómico	277 antiflogístico
179 áloe	228 áncora	278 antijurídico
180 alón	229 andarín	279 antílope
181 alópata	230 andén	280 antimonárquico
182 alopatía	231 anécdota	281 antipalúdico
183 alpargatería	232 anémico	282 antipatía
184 alquitrán	233 anestésico	283 antipático
185 altanería	234 anexión	284 antipedagógico
186 alteración	235 anfibología	285 antípoda
187 altercación	236 anfitrión	286 antiquísimo
188 alternación	237 ánfora	287 antirrábico
189 altísimo	238 ángel	288 antiséptico
190 alucinación	239 angélica	289 antología
191 alusión	240 ángelus	290 antropófago
192 aluvión	241 anglosajón	291 antropología
193 allá	242 ángulo	292 antropológico
194 allí	243 anhelación	293 anunciación
195 amabilísimo	244 anhídrido	294 aparición
196 amalgamación	245 ánima	295 apatía
197 amazónico	246 animación	296 apelación
198 ámbar	247 animadversión	297 apéndice
199 ambición	248 anímico	298 ápice
200 ambigú	249 ánimo	299 aplicación
201 ámbito	250 anís	300 apócope
202 ambrosía	251 ánodo	301 apología
203 amén	252 anomalía	302 apologías
204 amicísimo	253 aniquilación	303 apoplejía
205 amígdalas	254 anómalo	304 apóstol
206 amnistía	255 anónimo	305 apóstrofe
207 amonedación	256 anotación	306 apóstrofo
208 amonestación	257 ánsar	307 apreciación
209 amorío	258 antagónico	308 aprehensión

309 aprensión	359 astronáutica	408 azadón
310 aproximación	360 astronomía	409 azafrán
311 aquí	361 astrónomo	410 ázoe
312 aquilatación	362 asunción	411 azúcar
313 arábigo	363 ataúd	412 bacará
314 arácnido	364 ataúdes	413 bacía, vasija
315 aragonés	365 atávico	414 bacín
316 árbol	366 ateísmo	415 bacteriología
317 arcaísmo	367 atención	416 bacteriólogo
318 arcángel	368 atenuación	417 báculo
319 arcón	369 atlético	418 bahía
320 archipiélago	370 atmósfera	419 bailarín
321 área	371 atómico	420 bajá
322 argumentación	372 átomo	421 bajío
323 árido	373 átono	422 baladí
324 aristócrata	374 atracción	423 balancín
325 aritmética	375 atrás	424 balcón
326 arlequín	376 atún	425 balística
327 armazón	377 audición	426 balompié
328 armería	378 audífono	427 balón
329 armón	379 aún, todavía	428 bálsamo
330 armonía	380 áureo	429 bambú
331 armónica	381 aurícula	430 banderín
332 arnés	382 aurífero	431 bárbaro
333 arpón	383 auscultación	432 barbería
334 arqueología	384 auténtico	433 barberías
335 arquitectónico	385 autobiografía	434 barítono
336 arsénico	386 autobús	435 barómetro
337 articulación	387 autócrata	436 barón
338 artículo	388 autóctono	437 baronía
339 artífice	389 autodetermina-	438 bártulos
340 artillería	ción	439 basílica
341 artístico	390 autódromo	440 bastión
342 ascensión	391 autógeno	441 bastón
343 ascético	392 autógrafo	442 batería
344 aséptico	393 autómata	443 baterías
345 aserción	394 automático	444 baúl
346 aserrín	395 automatización	445 bélico
347 aseveración	396 automóvil	446 bendición
348 así	397 autonomía	447 benéfico
349 asiático	398 autorización	448 benemérito
350 asignación	399 autosugesitón	449 beneplácito
351 asimilación	400 avemaría	450 benévolo
352 asmático	401 avería	451 benjamín
353 asociación	402 averiguación	452 benjuí
354 áspero	403 aversión	453 berbiquí
355 áspid	404 aviación	454 betún
356 aspiración	405 avícola	455 biberón
357 astrología	406 ávido	456 bíblico
358 astrólogo	407 avión	457 bibliófilo

458	bibliografía	508	burlón	558	cándido
459	bibliología	509	bursátil	559	caníbal
460	bibliomanía	510	buscapié	560	canícula
461	bibliómano	511	buscapiés	561	canónico
462	bíceps	512	buzón	562	canonización
463	bidé	513	caballería	563	canonjía
464	bifurcación	514	cabrío	564	cántaro
465	bilbaíno	515	cacatúa	565	cántico
466	binóculo	516	cacatúas	566	cantón
467	biografía	517	cacería	567	cánula
468	biógrafo	518	cacofonía	568	cáñamo
469	biología	519	cácteo	569	cañería
470	biólogo	520	cadáver	570	cañón
471	bípedo	521	cadavérico	571	capacitación
472	bisección	522	café	572	caparazón
473	bisturí	523	cafeína	573	capellán
474	bitácora	524	cafetín	574	capellanía
475	bizarría	525	caída	575	capicúa
476	blasón	526	caimán	576	capitán
477	bodegón	527	cajón	577	capitulación
478	bofetón	528	calcáneo	578	cápsula
479	bohío	529	calcetín	579	carácter
480	boletín	530	calcinación	580	característico
481	bólido	531	calcomanía	581	carbón
482	bolígrafo	532	cálculo	582	carbónico
483	boloñés	533	calderón	583	cárcel
484	bolsería	534	calefacción	584	cardiaco, car-
485	bombón	535	cálida		díaco
486	borceguí	536	caligrafía	585	carestía
487	bordón	537	calígrafo	586	carmesí
488	bórico	538	cáliz	587	carmín
489	borrón	539	caló	588	carnicería
490	botánica	540	calofrío	589	carnívoro
491	botellería	541	caloría	590	carótida
492	botín	542	calorías	591	carpintería
493	botón	543	calzón	592	cárter
494	bravío	544	callejón	593	cartografía
495	bribón	545	camaleón	594	cartón
496	bridón	546	cámara	595	cáscara
497	brío	547	camarín	596	caserío
498	británico	548	camellón	597	caserón
499	búcaro	549	camión	598	catálogo
500	búfalo	550	camisón	599	catástrofe
501	bufón	551	campeón	600	catastrófico
502	búho	552	canalización	601	cátedra
503	bujía	553	canapé	602	categoría
504	bujías	554	cancán	603	categórico
505	búlgaro	555	cáncer	604	católico
506	burgués	556	cancillería	605	caución
507	burguesía	557	canción	606	cáustico

607 cavilación	657 coalición	707 cráneos
608 cédula	658 cobardía	708 cráter
609 célebre	659 cocaína	709 crédito
610 célibe	660 cocción	710 crédulo
611 celosía	661 cóccix	711 creíble
612 célula	662 codeína	712 crepúsculo
613 centésimo	663 códice	713 cría
614 centímetro	664 código	714 crítica
615 céntimo	665 coetáneo	715 crónica
616 centrífugo	666 cofradía	716 crótalo
617 centrípeto	667 cohesión	717 cuadrícula
618 cerámica	668 cojín	718 cuadrúpedo
619 cercanía	669 colaboración	719 cuádruple
620 cerrajería	670 colación	720 cuantía
621 certificación	671 colchón	721 cuáquero
622 certísimo	672 cólera	722 cúbico
623 cervecería	673 colérico	723 cúmulo
624 cesantía	674 colibrí	724 cupé
625 cesión, de ceder	675 colibríes	725 cuplé
626 césped	676 cólico	726 dátil
627 ciática	677 colisión	727 deán
628 ciclón	678 colocación	728 década
629 ciempiés	679 coloración	729 decágono
630 ciénaga	680 combinación	730 decálogo
631 científico	681 combustión	731 decámetro
632 cimentación	682 comezón	732 decrépito
633 cincuentón	683 cómico	733 decúbito
634 cinematógrafo	684 comisaría	734 décuplo
635 cíngaro	685 comisión	735 dédalo
636 cínico	686 comité	736 déficit
637 cinturón	687 cómoda	737 definición
638 ciprés	688 compás	738 delfín
639 circulación	689 coparación	739 delírium tremens
640 círculo	690 compasión	740 demócrata
641 circunvalación	691 cómplice	741 democrático
642 cirugía	692 compulsión	742 dentición
643 citación	693 común	743 dentífrico
644 cítara	694 cóndor	744 deportación
645 cítrico	695 confín	745 depósito
646 cívico	696 cónico	746 depreciación
647 clarín	697 copetín	747 depresión
648 clásico	698 coquetería	748 derivación
649 cláusula	699 corazón	749 desafinación
650 clavícula	700 cordón	750 desafío
651 cleptomanía	701 córnea	751 desánimo
652 clérigo	702 cornetín	752 desaprobación
653 clínica	703 corpóreo	753 desconsideración
654 clisé	704 cortésmente	754 descortesía
655 coacción	705 cósmico	755 descrédito
656 coágulo	706 cráneo	756 desdén

757	desecación	807	difícil	857	dogmático
758	deserción	808	difusión	858	dólar
759	desesperación	809	digestión	859	doméstico
760	desinterés	810	dígito	860	dominación
761	desmán	811	digresión	861	dominó
762	desmembración	812	dilación	862	donación
763	desmoralización	813	dilatación	863	dórico
764	desnaturalización	814	dilección	864	dotación
765	desolación	815	dimanación	865	dragón
766	desorganización	816	dimensión	866	dramática
767	despoblación	817	dimisión	867	drástico
768	déspota	818	dinamarqués	868	droguería
769	despreocupación	819	dinámica	869	dubitación
770	desproporción	820	dinastía	870	ducentésimo
771	despropósito	821	diócesis	871	dúctil
772	después	822	diplomático	872	dulcería
773	destilación	823	diputación	873	dulcificación
774	destilería	824	dirección	874	dúo
775	destitución	825	discípulo	875	duodécimo
776	destrucción	826	discreción	876	duración
777	desunión	827	discriminación	877	ebanistería
778	desván	828	discusión	878	ébano
779	desvarío	829	disección	879	ebullición
780	desviación	830	diseminación	880	eclesiástico
781	desvío	831	disensión	881	elíptico
782	detención	832	disentería	882	economía
783	determinación	833	disertación	883	económico
784	detestación	834	disgregación	884	ecuación
785	detonación	835	disimulación	885	ecuménico
786	detrás	836	disipación	886	edén
787	devastación	837	dislocación	887	edición
788	devoción	838	disminución	888	edificación
789	devolución	839	disociación	889	educación
790	día	840	disolución	890	efemérides
791	días	841	dispensación	891	efímero
792	diabético	842	dispersión	892	efusión
793	diacrítico	843	disposición	893	égida
794	diáfano	844	distensión	894	egiptología
795	diagnóstico	845	distinción	895	egiptólogo
796	dialéctica	846	distracción	896	égloga
797	diálogo	847	distraído	897	egocéntrico
798	diámetro	848	distribución	898	egoísmo
799	diapasón	849	diurético	899	egoísta
800	diástole	850	divagación	900	egolatría
801	dicción	851	diván	901	ejecución
802	dictáfono	852	diversión	902	ejército
803	didáctico	853	división	903	elaboración
804	diéresis	854	divulgación	904	elástica
805	dietética	855	doblón	905	elección
806	difamación	856	dodecágono	906	eléctrico

907	electrocución	957	entreoír	1 007	esfínter
908	electroimán	958	entronización	1 008	eslabón
909	electrólisis	959	enumeración	1 009	esófago
910	electrón	960	enunciación	1 010	espárago
911	electrónica	961	envés	1 011	espasmódico
912	elegía	962	envío	1 012	espátula
913	elevación	963	épica	1 013	específico
914	eliminación	964	épico	1 014	espectáculo
915	elíptico	965	epidémico	1 015	especulación
916	elixir, elíxir	966	epidérmico	1 016	espía
917	elucidación	967	Epifanía	1 017	espías
918	emanación	968	epígrafe	1 018	espiración
919	emancipación	969	epiléptico	1 019	espíritu
920	emblemático	970	epílogo	1 020	espléndido
921	émbolo	971	episódico	1 021	espolón
922	embrión	972	epístola	1 022	espontáneo
923	emigración	973	época	1 023	esporádico
924	eminentísimo	974	equilátero	1 024	esquelético
925	emoción	975	equitación	1 025	esquí
926	empastación	976	equivocación	1 026	estabilización
927	empírico	977	equívoco	1 027	estación
928	empréstito	978	erección	1 028	estadística
929	empujón	979	eréctil	1 029	estampación
930	emulación	980	erosión	1 030	estantería
931	émulo	981	erótico	1 031	estática
932	emulsión	982	errático	1 032	estenografía
933	enajenación	983	errátil	1 033	estenógrafo
934	encarcelación	984	erróneo	1 034	estentóreo
935	encarnación	985	erudición	1 035	estéril
936	encéfalo	986	erupción	1 036	esternón
937	encía	987	escalafón	1 037	estética
938	encíclica	988	escalofrío	1 038	estiércol
939	enciclopédico	989	escalón	1 039	estilográfica
940	enclítico	990	escándalo	1 040	estimación
941	encomiástico	991	escarpín	1 041	estímulo
942	encuadernación	992	escénico	1 042	estío
943	endecasílabo	993	escenografía	1 043	estipulación
944	endémico	994	escenógrafo	1 044	estómago
945	energía	995	escéptico	1 045	estratégico
946	enérgico	996	escisión	1 046	estrépito
947	energúmeno	997	esclerótica	1 047	estría
948	énfasis	998	escocés	1 048	estupefacción
949	enfático	999	escolástico	1 049	estúpido
950	enfermería	1 000	escoriación	1 050	esturión
951	engreír	1 001	escorpión	1 051	etcétera
952	enigmático	1 002	escribanía	1 052	éter
953	entomología	1 003	escrúpulo	1 053	etéreo
954	entonación	1 004	escuadrón	1 054	ética
955	entredós	1 005	escuálido	1 055	etimología
956	entremés	1 006	esdrújulo	1 056	etimológico

1 057	etíope, etiope	1 107	fémur	1 157	fotógrafo
1 058	étnico	1 108	fénix	1 158	fracción
1 059	Eucaristía	1 109	fenómeno	1 159	frágil
1 060	eufonía	1 110	féretro	1 160	francés
1 061	eufónico	1 111	fermentación	1 161	francmasón
1 062	evacuación	1 112	férreo	1 162	fraseología
1 063 .	evangélico	1 113	fértil	1 163	freír
1 064	evaporación	1 114	férvido	1 164	frenesí
1 065	evasión	1 115	festín	1 165	fricción
1 066	evocación	1 116	ficción	1 166	frigorífico
1 067	evolución	1 117	fijación	1 167	frío
1 068	exacción	1 118	filantropía	1 168	frívolo
1 069	excéntrico	1 119	filántropo	1 169	frontón
1 070	exacerbación	1 120	filarmónico	1 170	fructífero
1 071	exageración	1 121	filiación	1 171	fruición
1 072	exágono	1 122	filología	1 172	frutería
1 073	exaltación	1 123	filón	1 173	fulminación
1 074	exánime	1 124	filosofía	1 174	fumigación
1 075	exasperación	1 125	filósofo	1 175	fundación
1 076	excarcelación	1 126	finés	1 176	fundición
1 077	excelentísimo	1 127	finlandés	1 177	fúnebre
1 078	excepción	1 128	físico	1 178	furgón
1 079	excitación	1 129	fisiología	1 179	fusión
1 080	exclamación	1 130	fisiólogo	1 180	fútbol, futbol
1 081	fábrica	1 131	fisonomía	1 181	fútil
1 082	fabricación	1 132	fístula	1 182	gabán
1 083	facción	1 133	flagelación	1 183	galán
1 084	fácil	1 134	flautín	1 184	galantería
1 085	factoría	1 135	flemático	1 185	galardón
1 086	faisán	1 136	flexión	1 186	galería
1 087	falsía	1 137	flotación	1 187	galón
1 088	falsificación	1 138	fluctuación	1 188	ganadería
1 089	falúa	1 139	foliación	1 189	ganzúa
1 090	famélico	1 140	folletín	1 190	gárgara
1 091	fanático	1 141	fonética	1 191	gástrico
1 092	fantasía	1 142	foráneo	1 192	gastronomía
1 093	fantástico	1 143	forestación	1 193	gavilán
1 094	farándula	1 144	formación	1 194	genealogía
1 095	faraón	1 145	fórmico	1 195	generación
1 096	faríngeo	1 146	formón	1 196	generalísimo
1 097	farmacéutico	1 147	fórmula	1 197	generalización
1 098	fascinación	1 148	fortificación	1 198	género
1 099	fatídico	1 149	fortín	1 199	génesis
1 100	fécula	1 150	fortísimo	1 200	gentío
1 101	fecundación	1 151	fosfórico	1 201	genuflexión
1 102	federación	1 152	fósforo	1 202	geografía
1 103	felicitación	1 153	fósil	1 203	geógrafo
1 104	feligrés	1 154	fósiles	1 204	geología
1 105	felón	1 155	fotografía	1 205	geólogo
1 106	felonía	1 156	fotográfico	1 206	geometría

1 207	geométrico	1 257	hábito	1 306	higiénico
1 208	geriatría	1 258	habladuría	1 307	hilván
1 209	germánico	1 259	halcón	1 308	hincapié
1 210	gestión	1 260	hálito	1 309	hinchazón
1 211	glándula	1 261	hampón, bra-	1 310	hipérbaton
1 212	glóbulo		vucón	1 311	hipérbola
1 213	glorificación	1 262	haragán	1 312	hiperfunción
1 214	glotón	1 263	haraganería	1 313	hípico
1 215	glotonería	1 264	harén	1 314	hipnótico
1 216	gobernación	1 265	hastío	1 315	hipocresía
1 217	góndola	1 266	hazmerreír	1 316	hipócrita
1 218	gorrión	1 267	hectárea	1 317	hipódromo
1 219	grácil	1 268	hectómetro	1 318	hipopótamo
1 220	gradación	1 269	hechicería	1 319	hipótesis
1 221	gradería	1 270	hegemonía	1 320	hipotético
1 222	graduación	1 271	helénico	1 321	hispánico
1 223	grafía	1 272	hélice	1 322	histérico
1 224	gráficamente	1 273	helicóptero	1 323	histología
1 225	gráfico	1 274	hemisférico	1 324	histórico
1 226	grafología	1 275	hemorrágico	1 325	histrión
1 227	gramática	1 276	henequén	1 326	holandés
1 228	gramático	1 277	hepático	1 327	holgazán
1 229	gramíneas	1 278	heptágono	1 328	holgazanería
1 230	gramófono	1 279	heptasílabo	1 329	hollín
1 231	granítico	1 280	heráldica	1 330	homeópata
1 232	granjería	1 281	herbáceo	1 331	homeopatía
1 233	granulación	1 282	herbívoro	1 332	homófono
1 234	gránulo	1 283	hercúleo	1 333	homogéneo
1 235	gratificación	1 284	hércules	1 334	homólogo
1 236	grávido	1 285	herejía	1 335	homónimo
1 237	gravitación	1 286	hermético	1 336	honorífico
1 238	gritería	1 287	héroe	1 337	horchatería
1 239	grosería	1 288	heroína	1 338	hormigón
1 240	grúa	1 289	heroísmo	1 339	horóscopo
1 241	gruñón	1 290	herrería	1 340	hórrido
1 242	guanábana	1 291	hesitación	1 341	horripilación
1 243	guantería	1 292	heterogéneo	1 342	horrísono
1 244	guapetón	1 293	hexágono	1 343	hospedería
1 245	guardalmacén	1 294	híbrido	1 344	hostería
1 246	guardarropía	1 295	hidalguía	1 345	huérfano
1 247	guardería	1 296	hidráulica	1 346	huésped
1 248	guardián	1 297	hidroavión	1 347	huevería
1 249	guarnición	1 298	hidrocéfalo	1 348	húmedo
1 250	guasón	1 299	hidrodinámica	1 349	húmero
1 251	guía	1 300	hidrófilo	1 350	humillación
1 252	guión	1 301	hidrografía	1 351	húngaro
1 253	gumífero	1 302	hidropesía	1 352	huracán
1 254	hábil	1 303	hidrópico	1 353	hurí
1 255	habilitación	1 304	hidrostática	1 354	hurón
1 256	habitación	1 305	hígado	1 355	húsar

1 356	ibérico	1 406	incómodo	1 457	magnánimo
1 357	idéntico	1 407	incomprensión	1 458	magnésico
1 358	idílico	1 408	incomunicación	1 459	magnético
1 359	idólatra	1 409	inconsútil	1 460	magnetoeléctrico
1 360	idolatría	1 410	incorporación	1 461	magnetófono
1 361	ídolo	1 411	incorpóreo	1 462	magnífico
1 362	idóneo	1 412	incorrección	1 463	maíz
1 363	ígneo	1 413	incrédulo	1 464	majadería
1 364	ignición	1 414	increíble	1 465	maldición
1 365	ilación	1 415	incrustación	1 466	malecón
1 366	ilegítimo	1 416	incubación	1 467	maléfico
1 367	iliaco, ilíaco	1 417	inculpación	1 468	maletín
1 368	ilícito	1 418	incursión	1 469	malévolo
1 369	ilógico	1 419	indagación	1 470	maltés
1 370	ilusión	1 420	indecisión	1 471	malvasía
1 371	ilustración	1 421	indemnización	1 472	mamá
1 372	ilustrísimo	1 422	indeterminación	1 473	mamífero
1 373	imaginación	1 423	indicación	1 474	mampostería
1 374	imán	1 424	índice	1 475	maná
1 375	imantación	1 425	indígena	1 476	manatí
1 376	imbécil	1 426	indigestión	1 477	manchú
1 377	imitación	1 427	indignación	1 478	mandarín
1 378	impávido	1 428	indiscreción	1 479	mandíbula
1 379	imperfección	1 429	indisposición	1 480	mandón
1 380	ímpetu	1 430	indócil	1 481	maní
1 381	impío	1 431	índole	1 482	manía
1 382	implícito	1 432	indómito	1 483	maniaco, ma-
1 383	impolítico	1 433	inducción		níaco
1 384	importación	1 434	inédito	1 484	manifestación
1 385	imposición	1 435	investigación	1 485	manipulación
1 386	imprecación	1 436	israelí	1 486	maniquí
1 387	impremeditación	1 437	jabalí	1 487	manómetro
1 388	impresión	1 438	jergón	1 488	mansión
1 389	imprevisión	1 439	jícara	1 489	mantelería
1 390	improvisación	1 440	kilómetro	1 490	mantón
1 391	impúber	1 441	lábaro	1 491	manutención
1 392	impúdico	1 442	lechón	1 492	maquiavélico
1 393	imputación	1 443	lívido	1 493	maquinación
1 394	inacción	1 444	lógico	1 494	maravedí
1 395	inanición	1 445	luxación	1 495	marcación
1 396	inánime	1 446	llorón	1 496	marinería
1 397	inarmónico	1 447	macarrón	1 497	marítimo
1 398	inauguración	1 448	macedónico	1 498	mármol
1 399	incineración	1 449	maceración	1 499	marmóreo
1 400	incisión	1 450	macrocéfalo	1 500	marqués
1 401	incitación	1 451	mácula	1 501	marquetería
1 402	inclinación	1 452	madrépora	1 502	marrón
1 403	inclusión	1 453	maduración	1 503	marroquí
1 404	incógnito	1 455	mágico	1 504	marrullería
1 405	incólume	1 456	magín	1 505	marsellés

1 506 mártir	1 556 melodramático	1 607 mínimum
1 507 máscara	1 557 melómano	1 608 minoración
1 508 mascarón	1 558 melón	1 609 minoría
1 509 masón	1 559 mellón	1 610 minué
1 510 masonería	1 560 memorión	1 611 minúsculo
1 511 masticación	1 561 mención	1 612 mío
1 512 mástil	1 562 menoría	1 613 miopía
1 513 mastín	1 563 mensajería	1 614 míos
1 514 matachín	1 564 mentecatería	1 615 miriámetro
1 515 matalón	1 565 mentís	1 616 miriápodo
1 516 matemáticas	1 566 menú	1 617 mirón
1 517 matemático	1 567 mercadería	1 618 misantropía
1 518 matón	1 568 mercancía	1 619 misántropo
1 519 matrícula	1 569 mercería	1 620 miscelánea
1 520 máuser	1 570 meritísimo	1 621 mísero
1 521 máxima	1 571 mérito	1 622 misérrimo
1 522 máxime	1 572 Mesías	1 623 misión
1 523 máximo	1 573 mesón	1 624 mística
1 524 máximum	1 574 metafísica	1 625 mítico
1 525 mayéutica	1 575 metáfora	1 626 mitología
1 526 mayólica	1 576 metálico	1 627 mitológico
1 527 mayordomía	1 577 metalografía	1 628 mocasín
1 528 mayoría	1 578 metalúrgico	1 629 mocetón
1 529 mayúsculo	1 579 meteórico	1 630 moción
1 530 mazapán	1 580 meteorología	1 631 modelación
1 531 mecánico	1 581 metódico	1 632 moderación
1 532 mecanografía	1 582 método	1 633 módico
1 533 mecanógrafo	1 583 metodología	1 634 modificación
1 534 mechón	1 584 métrica	1 635 modistería
1 535 medallón	1 585 métrico	1 636 modulación
1 536 médano	1 586 metrología	1 637 mohín
1 537 mediación	1 587 metrónomo	1 638 mohína
1 538 medianería	1 588 metrópoli	1 639 mohíno
1 539 medianía	1 589 mía	1 640 Moisés
1 540 médica	1 590 mías	1 641 mojicón
1 541 medicación	1 591 microcéfalo	1 642 mojigatería
1 542 medición	1 592 micrófono	1 643 mojón
1 543 médico	1 594 microscópico	1 644 molécula
1 544 mediodía	1 595 miércoles	1 645 mollejón
1 545 meditación	1 596 milanés	1 646 momentáneo
1 546 mediterráneo	1 597 milésimo	1 647 momificación
1 547 médium	1 598 miliárea	1 648 monarquía
1 548 megatón	1 599 milímetro	1 649 monárquico
1 549 mejillón	1 600 milmillonésimo	1 650 monástico
1 550 mejoría	1 601 millón	1 651 monería
1 551 melancolía	1 602 millonésimo	1 652 monóculo
1 552 melancólico	1 603 mímica	1 653 monógamo
1 553 melocotón	1 604 mineralogía	1 654 monografía
1 554 melodía	1 605 minería	1 655 monólogo
1 555 melódico	1 606 mínima	1 656 monopétalo

1 657 monosilábico	1 707 napoleónico	1 756 notación
1 658 monosílabo	1 706 nadería	1 757 notaría
1 659 monoteísmo	1 708 narcótico	1 758 notición
1 660 monoteísta	1 709 narración	1 759 notificación
1 661 monotonía	1 710 natación	1 760 novelería
1 662 monótono	1 711 naturalización	1 761 novelón
1 663 montañés	1 712 náufrago	1 762 novísimo
1 664 montería	1 713 náusea	1 763 nubarrón
1 665 montés	1 714 náutica	1 764 núbil
1 666 montículo	1 715 navegación	1 765 núcleo
1 667 montón	1 716 navío	1 766 numeración
1 668 monzón	1 717 necrología	1 767 numérico
1 669 mórbido	1 718 necrológico	1 768 número
1 670 morfinomanía	1 719 necrópolis	1 769 numismática
1 671 morfología	1 720 néctar	1 770 nutrición
1 672 morigeración	1 721 nefrítico	1 771 obcecación
1 673 mortífero	1 722 negación	1 772 óbice
1 674 mortificación	1 723 negociación	1 773 óbito
1 675 moscardón	1 724 neófito	1 774 objeción
1 676 moscón	1 725 neolítico	1 775 oblación
1 677 mosquetería	1 726 neumático	1 776 obligación
1 678 motín	1 727 neumonía	1 777 óbolo
1 679 motorización	1 728 neurasténico	1 778 observación
1 680 móvil	1 729 neurología	1 779 obsesión
1 681 movilización	1 730 neurólogo	1 780 obstáculo
1 682 mucílago, mu-	1 731 neurópata	1 781 obstinación
cilago	1 732 neurótico	1 782 obstrucción
1 683 muégano	1 733 neutralización	1 783 obtención
1 684 muérdago	1 734 nigromántico	1 784 obturación
1 685 mujerío	1 735 ningún	1 785 obús
1 686 muletón	1 736 nipón	1 786 obvención
1 687 múltiple	1 737 níquel	1 787 ocasión
1 688 multiplicación	1 738 níspero	1 788 oceánico
1 689 múltiplo	1 739 nítido	1 789 océano
1 690 mundología	1 740 nitrería	1 790 oclusión
1 691 munición	1 741 nítrico	1 791 octágono
1 692 munícipe	1 742 nitrógeno	1 792 octingentésimo
1 693 muñón	1 743 nivelación	1 793 octogésimo
1 694 murciélago	1 744 níveo	1 794 octosílabo
1 695 muriático	1 745 nobilísimo	1 795 ocultación
1 696 múrice	1 746 noción	1 796 ocupación
1 697 murmuración	1 747 noctámbulo	1 797 ochentón
1 698 músculo	1 748 nódulo	1 798 odontología
1 699 música	1 749 nómada	1 799 odontólogo
1 700 musicógrafo	1 750 nombradía	1 800 odorífero
1 701 mutación	1 751 nómina	1 801 oftalmología
1 702 mutilación	1 752 nonagésimo	1 802 ofuscación
1 703 nácar	1 753 noningentésimo	1 803 oído
1 704 nación	1 754 nostálgico	1 804 oír
1 705 nacionalización	1 755 notabilísimo	1 805 óleo

1 806	oligarquía	1 855	oscilación	1 905	páramo
1 807	olimpiada, olim-	1 856	óseo	1 906	parásito
	píada	1 857	osificación	1 907	paredón
1 808	olímpico	1 858	osteítis	1 908	paréntesis
1 809	ollería	1 859	ostentación	1 909	parlanchín
1 810	omisión	1 860	osteología	1 910	parónimo
1 811	ómnibus	1 861	ostión	1 911	párrafo
1 812	omnívoro	1 862	otología	1 912	párroco
1 813	omóplato	1 863	ovación	1 913	partición
1 814	ondulación	1 864	óvalo	1 914	participación
1 815	ónice	1 865	ovíparo	1 915	partícipe
1 816	ónix	1 866	óxido	1 916	partícula
1 817	onomástico	1 867	oxigenación	1 917	párvulo
1 818	ópalo	1 868	oxígeno	1 918	pasión
1 819	opción	1 869	pabellón	1 919	pasquín
1 820	ópera	1 870	pacificación	1 920	pasterización
1 821	operación	1 871	pacífico	1 921	patán
1 822	opilación	1 872	padrón	1 922	paternóster
1 823	opinión	1 873	pagaduría	1 923	patético
1 824	opíparo	1 874	pagaré	1 924	patíbulo
1 825	oposición	1 875	página	1 925	patín
1 826	opresión	1 876	paginación	1 926	patología
1 827	optación	1 877	país	1 927	patológico
1 828	óptica	1 878	pájaro	1 928	patólogo
1 829	óptimo	1 879	palabrería	1 929	patriótico
1 830	oración	1 880	paladín	1 930	patrón
1 831	oráculo	1 881	paleografía	1 931	patronímico
1 832	orangután	1 882	paleología	1 932	paupérrimo
1 833	órbita	1 883	pálido	1 933	pávido
1 834	ordenación	1 884	palmípedo	1 934	pavón
1 835	orégano	1 885	palpitación	1 935	peatón
1 836	orfebrería	1 886	palúdico	1 936	pecíolo, peciolo
1 837	orfeón	1 887	pámpano	1 937	pedagogía
1 838	orgánico	1 888	páncreas	1 938	pedagógico
1 839	organización	1 889	pánico	1 939	pedantería
1 840	órgano	1 890	panificación	1 940	pedrería
1 841	orgía	1 891	pantalón	1 941	pelícano
1 842	orientación	1 892	panteón	1 942	película
1 843	orificación	1 893	papelería	1 943	pelón
1 844	orífice	1 894	parabién	1 944	pelotón
1 845	ornamentación	1 895	parábola	1 945	peluquín
1 846	ornitología	1 896	paracaídas	1 946	pendón
1 847	ornitólogo	1 897	paradisíaco	1 947	penetración
1 848	orografía	1 898	paradójico	1 948	península
1 849	orquídeo	1 899	paráfrasis	1 949	penitenciaría
1 850	ortografía	1 900	paragüería	1 950	pensión
1 851	ortográfico	1 901	parahúso	1 951	pentágono
1 852	ortología	1 902	paraíso	1 952	pentasílabo
1 853	ortopédico	1 903	parálisis	1 953	Pentecostés
1 854	osadía	1 904	paralítico	1 954	penúltimo

1 955	peñón	2 005	pisotón	2 055	portalápiz
1 956	peón	2 006	pistón	2 056	portalón
1 957	percepción	2 007	pitón	2 057	portátil
1 958	percusión	2 008	pláceme	2 058	portería
1 959	perdición	2 009	plácido	2 059	pórtico
1 960	pérdida	2 010	plantación	2 060	portugués
1 961	perdón	2 011	plantígrado	2 061	poseído
1 962	peregrinación	2 012	plantío	2 062	posesión
1 963	perfección	2 013	plantón	2 063	posición
1 964	perforación	2 014	plástico	2 064	postergación
1 965	perfumería	2 015	plátano	2 065	postín
1 966	perífrasis	2 016	platería	2 066	postración
1 967	perímetro	2 017	plática	2 067	postrimería
1 968	periódico	2 018	platónico	2 068	póstumo
1 969	periodístico	2 019	pletórico	2 069	práctica
1 970	período, periodo	2 020	pleuresía	2 070	preámbulo
1 971	permisión	2 021	plúmbeo	2 071	precaución
1 972	permutación	2 022	plumón	2 072	precipitación
1 973	peroné	2 023	plutócrata	2 073	precisión
1 974	peroración	2 024	pluviómetro	2 074	predestinación
1 975	persecución	2 025	población	2 075	prédica
1 976	pérsico	2 026	pócima	2 076	predicación
1 977	personificación	2 027	poción	2 077	predicción
1 978	persuasión	2 028	poesía	2 078	predilección
1 979	pértiga	2 029	poética	2 079	predisposición
1 980	perturbación	2 030	polarización	2 080	pregón
1 981	perversión	2 031	polémica	2 081	prehistórico
1 982	pésame	2 032	policía	2 082	premeditación
1 983	pescadería	2 033	poliédrico	2 083	preocupación
1 984	pésimo	2 034	polifonía	2 084	preparación
1 985	pestífero	2 035	polígloto	2 085	preposición
1 986	pétalo	2 036	polígono	2 086	presbítero
1 987	petición	2 037	polígrafo	2 087	prescripción
1 988	pétreo	2 038	polisílabo	2 088	presentación
1 989	petrificación	2 039	politécnico	2 089	preservación
1 990	petróleo	2 040	politeísmo	2 090	presión
1 991	petrolífero	2 041	politeísta	2 091	prestación
1 992	pictórico	2 042	político	2 092	préstamo
1 993	piélago	2 043	póliza	2 093	prestidigitación
1 994	pignoración	2 044	polonés	2 094	presunción
1 995	pilón	2 045	poltrón	2 095	presuposición
1 996	píloro	2 046	polvorín	2 096	pretensión
1 997	pimentón	2 047	ponderación	2 097	pretérito
1 998	pináculo	2 048	pontífice	2 098	prevención
1 999	piñón	2 049	porción	2 099	previsión
2 000	piqué	2 050	porfía	2 100	primacía
2 001	pirámide	2 051	pornografía	2 101	primogénito
2 002	pirotécnico	2 052	porquería	2 102	príncipe
2 003	pirulí	2 053	porrón	2 103	presión
2 004	pisón	2 054	portalámpara	2 104	prismático

2 105 prócer	2 155 reclamación	2 205 rendición
2 106 procesión	2 156 reclusión	2 206 renglón
2 107 protección	2 157 recolección	2 207 renovación
2 108 previsión	2 158 recomendación	2 208 rentería
2 109 pústula	2 159 reconciliación	2 209 rentístico
2 110 quebrazón	2 160 recóndito	2 210 reparación
2 111 quemazón	2 161 reconvención	2 211 repatriación
2 112 quesería	2 162 recopilación	2 212 repercusión
2 113 químico	2 163 recordación	2 213 repetición
2 114 quincuagésimo	2 164 recreación	2 214 replantación
2 115 quirúrgico	2 165 recriminación	2 215 réplica
2 116 quizá	2 166 rectángulo	2 216 repoblación
2 117 rábano	2 167 rectificación	2 217 reportación
2 118 rabí	2 168 rectilíneo	2 218 reposición
2 119 rabón	2 169 rectoría	2 219 repostería
2 120 ración	2 170 recuperación	2 220 reprensión
2 121 radiación	2 171 recusación	2 221 representación
2 122 radicación	2 172 redacción	2 222 represión
2 123 radiografía	2 173 redención	2 223 reprobación
2 124 radiotelefonía	2 174 rédito	2 224 réprobo
2 125 radiotelefónico	2 175 reducción	2 225 reproducción
2 126 radioteléfono	2 176 reflexión	2 226 reptación
2 127 radiotelegrafía	2 177 refracción	2 227 repudiación
2 128 radiotelégrafo	2 178 refrán	2 228 repulsión
2 129 ráfaga	2 179 refrigeración	2 229 reputación
2 130 raído	2 180 refundición	2 230 requesón
2 131 raíz	2 181 refutación	2 231 réquiem
2 132 rajá	2 182 regadío	2 232 requisición
2 133 ramificación	2 183 regalía	2 233 rescisión
2 134 ramplón	2 184 regeneración	2 234 resignación
2 135 ránula	2 185 régimen	2 235 resolución
2 136 rapé	2 186 región	2 236 respiración
2 137 raquítico	2 187 reglamentación	2 237 restauración
2 138 ratificación	2 188 regresión	2 238 restitución
2 139 ratón	2 189 rehabilitación	2 239 restricción
2 140 reabsorción	2 190 rehén	2 240 resurrección
2 141 reacción	2 191 reimpresión	2 241 retahíla
2 142 readmisión	2 192 reír	2 242 retén
2 143 realización	2 193 reiteración	2 243 retención
2 144 reparación	2 194 reivindicación	2 244 retiración
2 145 rebeldía	2 195 rejón	2 245 retórica
2 146 rebelión	2 196 relación	2 246 retozón
2 147 recaída	2 197 relajación	2 247 retráctil
2 148 recámara	2 198 relámpago	2 248 retraído
2 149 recapitulación	2 199 relevación	2 249 retribución
2 150 recaudación	2 200 religión	2 250 reumático
2 151 recepción	2 201 relojería	2 251 reunión
2 152 receptáculo	2 202 relumbrón	2 252 revacunación
2 153 recién	2 203 remisión	2 253 revalidación
2 154 recitación	2 204 remuneración	2 254 revelación

2 255	reverberación	2 305	salubérrimo	2 355	séptico
2 256	reversión	2 306	salutación	2 356	séptimo
2 257	revés	2 307	salvación	2 357	scptingentésimo
2 258	revisión	2 308	sanción	2 358	septuagésimo
2 259	revocación	2 309	sándalo	2 359	sequía
2 260	revolución	2 310	sandía	2 360	séquito
2 261	revólver	2 311	sangría	2 361	seráfico
2 262	ridículo	2 312	sangrías	2 362	serafín
2 263	rígido	2 313	sánscrito	2 363	serenísimo
2 264	rincón	2 314	santiamén	2 364	sermón
2 265	riñón	2 315	santificación	2 365	serodiagnóstico
2 266	río	2 316	santísimo	2 366	serpentín
2 267	rítmico	2 317	sarampión	2 367	serranía
2 268	róbalo, robalo	2 318	sarcástico	2 368	serrátil
2 269	rocío	2 319	sarcófago	2 369	serrín
2 270	recocó	2 320	sartén	2 370	sésamo
2 271	romántico	2 321	sastrería	2 371	sesentón
2 272	rondó	2 322	satélite	2 372	seudónimo
2 273	rosáceo	2 323	satisfacción	2 373	sexagésimo
2 274	rotación	2 324	sátrapa	2 374	séxtuplo
2 275	rótula	2 325	saturación	2 375	sicómoro
2 276	rotulación	2 326	saúco	2 376	sifón
2 277	rótulo	2 327	saxófono	2 377	significación
2 278	roturación	2 328	sazón	2 378	sílaba
2 279	rúa	2 329	sebáceo	2 379	silábico
2 280	rúbeo	2 330	sección	2 380	sílfide
2 281	rubéola	2 331	secesión	2 381	sillería
2 282	rubí	2 332	secreción	2 382	sillín
2 283	rúbrica	2 333	secretaría	2 383	sillón
2 284	rufián	2 334	secularización	2 384	simbólico
2 285	runrún	2 335	sedería	2 385	símbolo
2 286	rústico	2 336	sedición	2 386	simetría
2 287	sábado	2 337	seducción	2 387	simétrico
2 288	sábalo	2 338	segregación	2 388	símil
2 289	sábana	2 339	según	2 389	simpatía
2 290	sabañón	2 340	selección	2 390	simpático
2 291	sabiduría	2 341	selvático	2 391	simplificación
2 292	sacratísimo	2 342	semáforo	2 392	simulación
2 293	sacrílego	2 343	semántica	2 393	simultáneamente
2 294	sacristán	2 344	semicírculo	2 394	simultáneo
2 295	sacristía	2 345	semidiámetro	2 395	síndico
2 296	salazón	2 346	semidiós	2 396	sinfonía
2 297	salchichonería	2 347	semítico	2 397	sinfónico
2 298	salchichón	2 348	senaduría	2 398	sinnúmero
2 299	salivación	2 349	sensación	2 399	sinónimo
2 300	salmón	2 350	señalización	2 400	sinóptico
2 301	salomónico	2 351	señoría	2 401	sinrazón
2 302	salón	2 352	señorío	2 402	sintético
2 303	salpicón	2 353	separación	2 403	sismógrafo
2 304	saltarín	2 354	septentrión	2 404	sistemático

2 405	sístole	2 455	sujeción	2 505	taxímetro
2 406	situación	2 456	sulfúrico	2 506	tazón
2 407	soberanía	2 457	sultán	2 507	técnico
2 408	sobresdrújulo	2 458	sumarísimo	2 508	tecnología
2 409	sobrexcitación	2 459	sumersión	2 509	tedéum
2 410	sobreproducción	2 460	sumisión	2 510	teísmo
2 411	socarrón	2 461	superávit	2 511	tejón
2 412	socavón	2 462	superchería	2 512	teleférico
2 413	socrático	2 463	superposición	2 513	telefonía
2 414	sofá	2 464	superstición	2 514	teléfono
2 415	sofocación	2 465	supervisión	2 515	telegrafía
2 416	sofocón	2 466	suplantación	2 516	telégrafo
2 417	sofreír	2 467	súplica	2 517	telescópico
2 418	solicitación	2 468	suplicación	2 518	televisión
2 419	solidificación	2 469	suposición	2 519	telón
2 420	sólido	2 470	supremacía	2 520	telúrico
2 421	soltería	2 471	supresión	2 521	temático
2 422	solterón	2 472	supuración	2 522	temblón
2 423	solución	2 473	suscripción	2 523	temerón
2 424	sombrerería	2 474	suspensión	2 524	témpano
2 425	sombría	2 475	sustentación	2 525	tendejón
2 426	sombrío	2 476	sustracción	2 526	tendón
2 427	somnífero	2 477	tábano	2 527	teneduría
2 428	sonámbulo	2 478	tabaquería	2 528	tenería
2 429	sonreír	2 479	tabernáculo	2 529	tensión
2 430	sopetón	2 480	tablajería	2 530	tentación
2 431	soplón	2 481	tablazón	2 531	tentáculo
2 432	soporífero	2 482	tablón	2 532	tentempié
2 433	sórdido	2 483	tacañería	2 533	teocrático
2 434	sosería	2 484	tacón	2 534	teología
2 435	sostén	2 484	táctica	2 535	teológico
2 436	sovietización	2 486	táctil	2 536	teólogo
2 437	subcutáneo	2 487	tafetán	2 537	teoría
2 438	subdelegación	2 488	tahúr	2 538	teórico
2 439	súbdito	2 489	talabartería	2 539	terapéutica
2 440	subdivisión	2 490	tálamo	2 540	terminación
2 441	subinspección	2 491	talión	2 541	terminología
2 442	súbito	2 492	talismán	2 542	termoeléctrico
2 443	sublevación	2 493	talón	2 543	termómetro
2 444	sublimación	2 494	tallarín	2 544	terraplén
2 445	subordinación	2 495	también	2 545	terráqueo
2 446	subterráneo	2 496	tapicería	2 546	térreo
2 447	subtítulo	2 497	tapón	2 547	terrícola
2 448	subvención	2 498	taquigrafía	2 548	terrífico
2 449	subversión	2 499	taquigráfico	2 549	terrón
2 450	succión	2 500	tarántula	2 550	terrorífico
2 451	sucedáneo	2 501	tardío	2 551	tesón
2 452	sucesión	2 502	tártaro	2 552	tesorería
2 453	sudorífico	2 503	tasación	2 553	testación
2 454	sugestión	2 504	taurómaco	2 554	testamentaría

2 555	testificación	2 605	torreón	2 655	trepanación
2 556	tetánico	2 606	tórrido	2 656	trépano
2 557	tétanos	2 607	torsión	2 657	trepidación
2 558	tétrico	2 608	tortícolis	2 658	triángulo
2 559	teutón	2 609	tórtola	2 659	tribulación
2 560	tía	2 610	tostón	2 660	tributación
2 561	tiburón	2 611	tóxico	2 661	tricentésimo
2 562	tifón	2 612	toxicografía	2 662	trigésimo
2 563	tímido	2 613	toxicología	2 663	trigonometría
2 564	timón	2 614	toxicólogo	2 664	trilogía
2 565	tímpano	2 615	trabazón	2 665	trillón
2 566	tinajón	2 616	tracción	2 666	trímetro
2 567	tintorería	2 617	tradición	2 667	trío
2 568	tío	2 618	traducción	2 668	trípode
2 569	típico	2 619	tráfago	2 669	tripulación
2 570	tipografía	2 620	tráfico	2 670	trisílabo
2 571	tipográfico	2 621	trágico	2 671	tritón
2 572	tipógrafo	2 622	tragicómico	2 672	trituración
2 573	tipolitografía	2 623	traición	2 673	trolebús
2 574	tipómetro	2 624	traída	2 674	trombón
2 575	tirabuzón	2 625	trajín	2 675	trompetería
2 576	tiralíneas	2 626	tramitación	2 676	tropelía
2 577	tiranía	2 627	trampolín	2 677	trópico
2 578	tiránico	2 628	transacción	2 678	trotón
2 579	tritón	2 629	transeúnte	2 679	truhán
2 580	tirolés	2 630	transición	2 680	truhanería
2 581	tirón	2 631	tránsito	2 681	tubérculo
2 582	tísico	2 632	tranvía	2 682	tubería
2 583	tisú	2 633	tráquea	2 683	tucán
2 584	titán	2 634	trasatlántico	2 684	tuétano
2 585	titánico	2 635	trascripción	2 685	tuición
2 586	títere	2 636	trasfiguración	2 686	tulipán
2 587	tití	2 637	trasformación	2 687	tumefacción
2 588	titilación	2 638	trasfusión	2 688	túnel
2 589	título	2 639	trasgresión	2 689	túnica
2 590	tizón	2 640	traslación	2 690	tupé
2 591	tobogán	2 641	traslúcido	2 691	turbación
2 592	tocinería	2 642	trasmigración	2 692	turquí
2 593	todavía	2 643	trasmisión	2 693	turrón
2 594	tómbola	2 644	trasmutación	2 694	ubérrimo
2 595	tonelería	2 645	trasoír	2 695	ubicación
2 596	tónico	2 646	traspié	2 696	ufonía
2 597	tontería	2 647	traspiración	2 697	úlcera
2 598	tópico	2 648	trasposición	2 698	ulceración
2 599	topografía	2 649	trastería	2 699	ultimátum
2 600	topográfico	2 650	trasverberación	2 700	último
2 601	topógrafo	2 651	través	2 701	umbrío
2 602	torácico	2 652	travesía	2 702	unánime
2 603	tórax	2 653	trébol	2 703	unción
2 604	torería	2 654	trémulo	2 704	undécimo

2 705 undulación	2 750 velódromo	2 795 virgíneo
2 706 únicamente	2 751 vellón	2 796 víscera
2 707 unificación	2 752 venerabilísimo	2 797 visión
2 708 unigénito	2 753 veneración	2 798 visitación
2 709 unión	2 754 ventilación	2 799 víspera
2 710 unipétalo	2 755 ventrílocuo	2 800 vitícola
2 711 unísono	2 756 verdugón	2 801 vítreo
2 712 urbanístico	2 757 verídico	2 802 vitrificación
2 713 urbanización	2 758 verificación	2 803 vituperación
2 714 úrico	2 759 vernáculo	2 804 víveres
2 715 usía	2 760 verosímil	2 805 vivíparo
2 716 usurpación	2 761 versátil	2 806 vocación
2 717 utopía	2 762 versículo	2 807 vocalización
2 718 vacación	2 763 versificación	2 808 vociferación
2 719 vacilación	2 764 versión	2 809 vocinglería
2 720 vacío	2 765 vértebra	2 810 volantín
2 721 vacunación	2 766 vértice	2 811 volátil
2 722 vagón	2 767 vértigo	2 812 volatilización
2 723 vahído	2 768 vesícula	2 813 volatín
2 724 vaivén	2 769 vestíbulo	2 814 volcán
2 725 valentía	2 770 veteranía	2 815 volcánico
2 726 valía	2 771 viático	2 816 vómer
2 727 validación	2 772 víbora	2 817 vómica
2 728 válido	2 773 vibración	2 818 vómito
2 729 valuación	2 774 vicaría	2 819 vorágine
2 730 válvula	2 775 vicecónsul	2 820 votación
2 731 vandálico	2 776 vicerrectoría	2 821 vulgarización
2 732 vándalo	2 777 vicesecretaría	2 822 vulneración
2 733 vaporación	2 778 vigésima	2 823 xenófilo
2 734 vaporización	2 779 víctima	2 824 xilografía
2 735 vapulación	2 780 vienés	2 825 yesería
2 736 variación	2 781 vigésimo	2 826 yuxtaposición
2 737 várice, varice	2 782 vigía	2 827 zaguán
2 738 varón	2 783 villanía	2 828 zahorí
2 739 vástago	2 784 vinatería	2 829 zalamería
2 740 vegetación	2 785 vinculación	2 830 zoantropía
2 741 vehículo	2 786 vínculo	2 831 zócalo
2 742 veintidós	2 787 vindicación	2 832 zodiaco, zodíaco
2 743 veintiséis	2 788 vinícola	2 833 zoófago
2 744 veintitrés	2 789 vinificación	2 834 zoófito
2 745 veintiún	2 790 violáceo	2 835 zoología
2 746 vejación	2 791 violación	2 836 zoólogo
2 747 velación	2 792 violentación	2 837 zurrón
2 748 velería	2 793 violín	2 838 zurubí
2 749 velocípedo	2 794 violón	2 839 zurumbático

Lección sexta

Signos de puntuación

USO DE LA COMA

La coma indica una pausa breve en la lectura. Se emplea:

1. Para separar palabras de una misma clase: *Me obsequiaron con camisas, camisetas, guantes, corbatas, etc.*
2. Para separar el vocativo: *Manuel, ella te llamó.*
3. Para separar frases cortas: *Ella sabe bordar, cocina admirablemente, canta bien.*
4. Para separar oraciones intercaladas: *Luis, quien llegó anoche, nos contó muchas cosas de su paseo.*
5. También se emplea para separar la localidad de la fecha: *México, D. F., 16 de agosto de 1966.*

USO DEL PUNTO Y COMA

Este signo ortográfico se emplea para indicar una pausa mayor que la de la coma:

1. Delante de las conjunciones adversativas *pero, mas, aunque: Él prestará el dinero porque tiene buen corazón; pero difícilmente lo recuperará.*
2. Para separar las oraciones de un periodo que, por alguna causa, ya llevan alguna coma: *Hoy estudiaré; mañana, no sé.*

USO DE LOS PUNTOS SUSPENSIVOS

Este signo ortográfico sirve para representar en la escritura las pausas que, por interrupción u otras causas, se producen en la expresión oral:

1. Al final de una oración incompleta: *Ellos quisieron intervenir, pero* . . .

2. Cuando en la reproducción de un texto se omite parte de este: *Los conquistadores devastaron ciudades, . . .dejando solo ruinas y desolación por doquier.*

NOTA: Se acostumbra que los puntos suspensivos sean tres.

USO DE LOS DOS PUNTOS

Los dos puntos indican pausa más prolongada que la del punto y coma. Se emplean:

1. Después del *Estimado señor, Querido amigo,* etc., con que se suele dar principio a las cartas.

2. Citando palabras textuales, se han de poner dos puntos antes del primer vocablo de la cita, el cual suele principiar con mayúscula. Ejemplo: Sócrates dijo: *Yo sólo sé que no sé nada.*

3. En certificaciones, antes de ciertos párrafos con letra inicial mayúscula.

4. Para separar una o varias oraciones de otra que sigue y es como consecuencia o resumen de lo que en aquellas se dice: "Aquel que por sus riquezas y esplendor fue tan aplaudido como envidiado cuando entraba triunfante por las puertas de Constantinopla, y cuyo nombre era respetado y temido desde la capital del Imperio hasta el confín de los arenales de Libia, murió ciego, pobre, olvidado y mendigando su alimento de puerta en puerta: ¡raro y espantoso ejemplo de las vicisitudes de la fortuna!"

5. Para separar una tesis de la aclaración o explicación que figura a su continuación: "No aflige a los mortales vicio más pernicioso que el juego: por él gentes muy acomodadas han venido a parar en la mayor miseria, y aun en el patíbulo; por él, además del caudal, pierde el hombre la vergüenza y hasta la estimación de sí propio."

NOTA: Después de los dos puntos se escribe indistintamente con letra mayúscula o minúscula el vocablo que sigue.

USO DE LA INTERROGACIÓN Y LA ADMIRACIÓN

La *interrogación* denota pregunta; la *admiración,* sorpresa, exclamación y el propio significado de esta palabra. Se colocan al principio y al final de la frase que encierra la pregunta o el sentido admirativo.

Ejemplo:

> ¿Quién me compra una naranja
> para mi consolación?
> Una naranja madura
> en forma de corazón.
>
> La sal del mar en los labios
> ¡ay de mí!
> La sal del mar en las venas
> y en los labios recogí.

Fragmento de la poesía ¿Quién me compra una naranja?, de José Gorostiza.

USO DE LA CREMA O DIÉRESIS

Dice la norma del 1º de enero de 1959 que la crema únicamente será obligatoria ponerla sobre la **u** de las sílabas **gue, gui**, cuando en ellas ha de pronunciarse esta vocal. Ejs.: *vergüenza, argüir*.

En poesía, y puesta sobre la primera vocal de un diptongo, se usa para deshacerlo y dar a la palabra una sílaba más. Ej.: rü-i-do.

Ejemplos:

agüero	cigüeña	lingüística
ambigüedad	degüello	pingüe
antigüedad	exangüe	pingüino
averigüe	halagüeño	ungüento
bilingüe	lingüista	vergüenza

USO DEL PARÉNTESIS

1. Para encerrar las palabras o frases aclaratorias: *La ciudad de Puebla (México) fue fundada por el padre Motolinía.*

2. Para aislar los datos breves o advertencias oportunas que se intercalan en lo hablado o en lo escrito: *Señores, os presento al poeta quien ha cantado nuestras grandes epopeyas. (Aplausos, varias personas se levantan y van a estrechar la mano del vate.)*

Nota: En este caso, el punto debe ir dentro del paréntesis.

3. Si una cláusula termina con paréntesis, el punto final irá fuera de él: *Aquí reposan las cenizas del inolvidable héroe (q.e.p.d.).*

USO DE LAS COMILLAS

Las comillas se emplean al principio y al fin de una palabra o cláusula sobre la cual se quiere llamar la atención o para indicar la palabra o frase que es copia literal de algún texto, títulos de libros, citas, etc. Ej.: Dice un autor:*"Escribir sin faltas de ortografía, es el indicio más seguro de una educación esmerada y bien dirigida."*

También se usan comillas para evitar la repetición de una misma palabra en varios renglones seguidos:

Ahorré el lunes................	$ 10.00
,, ,, martes...............	20.00
,, ,, jueves...............	15.00

USO DEL GUIÓN

Dice la Academia Española en su Gramática:

1. Cuando al fin del renglón no cupiere un vocablo entero, se escribirá solo una parte, la cual siempre ha de formar sílaba cabal. Así, las palabras *con-ca-vi-dad, pro-tes-ta, sub-si-guien-te,* podrán dividirse a fin de renglón por donde señalan los guiones que van interpuestos en dichas voces, mas no de otra suerte.

Esto no obstante, cuando un compuesto sea claramente analizable como formado de palabras que por sí solas tienen uso en la lengua, o de una de estas palabras y un prefijo, será potestativo dividir el compuesto separando sus componentes, aunque no coincida la división con el silabeo del compuesto. Así podrán dividirse *no-sotros* o *nos-otros, de-samparo* o *des-amparo.*

2. Como cualquier diptongo o triptongo no forma sino una sílaba, no deben dividirse las letras que lo componen. Así, se escribirá *gra-cio-so, tiem-po, no-ti-ciáis, a-ve-ri-güéis.*

3. Cuando la primera o la última sílaba de una palabra fuere una vocal, se evitará poner esta letra sola en fin o en principio de línea. Ej.: No se puede poner *a-tómico* o *Gambo-a.*

4. Cuando al dividir una palabra por sus sílabas haya de quedar en principio de línea una h precedida de consonante, se dejará esta al fin del renglón anterior y se comenzará el siguiente con la h: *al-haraca, in-humación, clor-hidrato, des-hidratar.*

5. En las dicciones compuestas de preposición castellana o latina, cuando después de ella viene una s y otra consonante además, como

68

en *constante, inspirar, obstar, perspicacia,* se han de dividir las sílabas agregando la **s** a la preposición y escribiendo, por consiguiente, *cons-tan-te, ins-pi-rar, obs-tar, pers-pi-ca-cia.*

6. La **ch** y la **ll**, letras simples en su pronunciación y dobles en su figura, no se desunirán jamás. Así, *co-che* y *ca-lle* se dividirán como aquí se ve. La erre (**rr**) se halla en el mismo caso, y por ello debe cesar la costumbre de separar los dos signos de que consta, y habrán de ponerse de esta manera: *ca-rre-ta, pe-rro.*

7. Úsase también para distinguir los elementos componentes en algunos compuestos, como *cólera-morbo.*

8. Cuando los gentilicios de dos pueblos o territorios formen un compuesto aplicable a una tercera entidad geográfica o política en la que se han fundido los caracteres de ambos pueblos o territorios, dicho compuesto se escribirá sin separación de sus elementos: *hispanoamericano, checoslovaco.* En los demás casos, es decir, cuando no hay fusión, sino oposición o contraste entre los elementos componentes, se unirán estos con guión: *franco-prusiano, germano-soviético.*

Los componentes de nueva formación en que entren dos adjetivos, el primero de los cuales conserva invariable la terminación masculina singular, mientras el segundo concuerda en género y número con el nombre correspondiente, se escribirán uniendo con guión dichos adjetivos: *tratado teórico-práctico; lección teórico-práctica; cuerpos técnico-administrativos.*

Notas.

a) Para separar la **cc**, se deja una a fin del renglón y la otra en el siguiente. Ej.: *pro-tec-ción.*

b) Para separar **sc**, se deja la **s** en un renglón y la **c** en el siguiente. Ej.: *des-ci-frar.*

c) Para separar la **xc**, se deja la **x** al final del renglón y la **c** en el siguiente. Ej.: *ex-ce-der.*

USO DE LA RAYA

La raya se emplea en los diálogos; al principio y al fin de algunas oraciones intercaladas en el periodo, y en sustitución de las palabras que se suprimen en alguna lista o relación, para no repetirla:

Ejemplo de diálogo

—Acúsome, dijo un campesino a su confesor, de que he robado cebada a un vecino.

—¿Y fue mucha la cebada?

—Pues así, una cosa regular.

—¿Serían diez fanegas?

—Puede.

—¿Dieciséis?

—Ponga veinte, padre, que lo que falte ya iré a hurtarlo cuando Dios me ayude.

Otro ejemplo de la raya

Pueblo de mujeres enlutadas. Aquí, allá, en la noche, al trajín del amanecer, en todo el santo río de la mañana, bajo la lumbre del sol alto, a las luces de la tarde —fuertes, claras, desvaídas, agónicas—; viejecitas, mujeres maduras, muchachas de lozanía, párvulas; en los atrios de iglesias, en la soledad callejera, en los interiores de tiendas y de algunas casas —cuán pocas— furtivamente abiertas.

Al filo del agua.
Agustín Yáñez

OTROS SIGNOS ORTOGRÁFICOS

Asterisco (*). Es una estrellita que se pone sencilla, doble o triple en algunos vocablos del texto, para indicar que al pie del escrito se hallará una explicación o aclaración referente a esa palabra o párrafo.

Llave o corchete ({). Su oficio es abrazar diversas partidas en una cuenta, varios miembros en un cuadro sinóptico, etc., que deben considerarse agrupados y unidos para determinado fin.

Manecilla (☞). Puesta al margen o en el texto de un escrito, da a entender que lo señalado por ella es particularmente útil o interesante.

Lección séptima

Abreviaturas
números
homófonos

DE LAS ABREVIATURAS

a.	área	etc.	etcétera
admón.	administración	Excmo.	Excelentísimo
admor.	administrador	Fr.	Fray
afmo.	afectísimo	g	gramo, gramos
art.	artículo	Genl.	general (dignidad)
cía.	compañía	Gobno.	gobierno
cap.	capítulo	Gobr.	gobernador
cg	centigramo, centigramos	gral.	general
		ha	hectárea, hectáreas
cl	centilitro, centilitros	hg	hectogramo, hectogramos
cm	centímetro, centímetros	hl	hectolitro, hectolitros
col.	colonia	hm	hectómetro, hectómetros
D.	Don		
Da.	Doña	íd.	ídem
dag	decagramo, decagramos	izqa.	izquierda
		kg	kilogramo, kilogramos
dg	decigramo, decigramos		
		kl	kilolitro, kilolitros
dal	decalitro, decalitros	km	kilómetro, kilómetros
dl	decilitro, decilitros	l	litro, litros
dam	decámetro, decámetros	Lic.	licenciado
		m	metro, metros
dm	decímetro, decímetros	mg	miligramo, miligramos
Dr.	doctor	mam	miriámetro, miriámetros
E.	este (oriente)		
E. M.	Estado Mayor	mm	milímetro, milímetros
E.P.D.	En paz descanse	min.	minuto, minutos
Mr.	Míster	R. I. P.	Requiéscat in pace (en paz descanse)
N.	norte		

NE.	noreste	S.	San o Santo; sur
NO.	noroeste	S. A.	Sociedad Anónima
nro.	nuestro	SE.	sureste
NW.	noroeste	sigte.	siguiente
núm.	número	s. e. u. o.	salvo error u omisión
núms.	números		
O.	oeste	SO.	suroeste
pág.	página	Sr.	señor
P. D.	posdata	Sra.	señora
p. ej.	por ejemplo	Sras.	señoras
P. P.	por poder	Sres.	señores
P. %	por ciento	Sría.	secretaría
p. pdo.	próximo pasado	Srta.	señorita
pral.	principal	Ss. Ss.	seguros servidores
prof.	profeta	S. S.	Su Santidad
Profr.	profesor	U. o Ud.	usted
P. S.	Post scríptum (posdata)	Uds.	ustedes
		v. gr.	verbigracia
q.e.p.d.	que en paz descanse	vol.	volumen

Abreviaturas de días de la semana y meses del año

lun.	lunes	eno.	enero
mart.	martes	febo.	febrero
miérc.	miércoles	abl.	abril
juev.	jueves	agto.	agosto
vier.	viernes	sete.	setiembre *
sáb.	sábado	septe.	septiembre
domo.	domingo	octe.	octubre
		nove.	noviembre
		dice.	diciembre

ESCRITURA DE LOS NÚMEROS

Números cardinales:

Cero, uno, dos, tres, cuatro, cinco, seis, siete, ocho, nueve, diez, once, doce, trece, catorce, quince, dieciséis, diecisiete, dieciocho, diecinueve, veinte.

Veintiuno, veintidós, veintitrés, veinticuatro, veinticinco, veintiséis, veintisiete, veintiocho, veintinueve, treinta.

* Es correcto decir setiembre.

74

Treinta y uno, treinta y dos, treinta y tres, treinta y cuatro, treinta y cinco, treinta y seis, treinta y siete, treinta y ocho treinta y nueve.

Cuarenta, cuarenta y uno, cincuenta, cincuenta y uno, noventa, noventa y uno.

Ciento, ciento uno, ciento diez.

Doscientos, trescientos, cuatrocientos, quinientos, seiscientos, setecientos, mil, cinco mil, un millón, un billón.

Uno y ciento sufren apócope antes de sustantivo: *Un libro, cien lápices*.

Números partitivos:
Medio, tercio, cuarto, quinto, sexto, séptimo, octavo, noveno, décimo, onzavo, dozavo, trezavo catorzavo quinzavo dieciseisavo diecisietavo, dieciochavo, diecinueveavo, veintavo.

Números ordinales:
Primero, segundo, tercero, cuarto, quinto, sexto, séptimo, octavo, noveno, décimo.

Undécimo, duodécimo, decimotercio o decimotercero, decimocuarto, decimoquinto, decimosexto, decimoséptimo, decimoctavo, decimonono o decimonoveno, vigésimo.

Vigésimo primero, vigésimo segundo, vigésimo tercero, etc.

Trigésimo, trigésimo primero, trigésimo segundo, etc.

Cuadragésimo, cuadragésimo primero, etc.

Quincuagésimo, sexagésimo, septuagésimo, octogésimo, nonagésimo, centésimo.

Ducentésimo, tricentésimo, cuadringentésimo, quingentésimo, sexcentésimo, septingentésimo, octingentésimo, noningentésimo milésimo.

Ejercicio:

La tragedia de Ricardo III (tercero)
Juan XXIII (vigésimo tercero)
XXX Feria del algodón (trigésima)
La vida del rey Enrique V (quinto)
Paulo VI (sexto)

HOMÓFONOS

Dícese de las palabras que con distinta significación suenen de igual modo:

a	primera letra
ha	del verbo haber
abrasar	quemar
abrazar	dar abrazo

acecinar	salar las carnes
asesinar	matar
acerbo	áspero
acervo	conjunto
acético	relativo al vinagre
ascético	el que practica la virtud
ahí	adverbio de lugar
¡ay!	interjección de dolor
hay	del verbo haber
aprehender	capturar
aprender	adquirir conocimientos
arrollar	envolver una cosa en forma de rollo; atropellar
arroyar	formar arroyos
as	naipe
has	del verbo haber
haz	de hacer; manojo
asada	del verbo asar
azada	azadón
asar	cocinar al fuego
azahar	flor del naranjo
azar	casualidad
ascenso	subida
asenso	consentimiento
Asia	continente
hacia	preposición
asta	palo, cuerno
hasta	preposición
atajo	de atajar
hatajo	rebaño
aya	niñera
halla	de hallar
haya	árbol
haya	inflexión de haber
La Haya	ciudad de Holanda
bacante	del dios Baco
vacante	sin ocupar
bacía	recipiente
vacía	desocupada
bacilo	bacteria
vacilo	de vacilar

baqueta	pieza para cargar la escopeta
vaqueta	cuero de vaca
bario	metal blanco
vario	diverso
barón	título nobiliario
varón	hombre
basto	tosco
vasto	extenso
baya	frutilla
valla	vallado
vaya	de ir
bazo	víscera
vaso	vasija
bello	hermoso
vello	pelillo
ben	árbol leguminoso
ven	del verbo venir
bienes	fortuna, caudal
vienes	de venir
botar	saltar
votar	dar un voto
bracero	trabajador manual
brasero	pieza de metal en que se echa lumbre para calentar
brasa	ascua
braza	medida
cabo	extremo, punta, grado militar
cavo	del verbo cavar
callado	de callar
cayado	báculo
callo	dureza en la piel
cayo	islote
cansas	de cansarse
Kansas	Estado norteamericano
casa	vivienda
caza	de cazar
cebo	alimento, pábulo en explosivos
sebo	cierta grasa
cede	del verbo ceder
sede	asiento

cegar	perder la vista
segar	cortar la hierba
cena	comida de noche
Sena	río de Francia
cenador	el que cena
Senador	miembro del Senado
cerrar	tapar
serrar	cortar con sierra
cesión	acto de ceder
sesión	junta, conferencia
cien	apócope de ciento
sien	parte de la cabeza
ciervo	venado
siervo	esclavo
cima	altura
sima	profundidad
cimiente	de cimentar
simiente	semilla
cita	apalabramiento
sita	situada
cocer	someter a la acción del fuego
coser	unir con hilo
concejo	Ayuntamiento
consejo	opinión que se da o se pide
corso	de Córcega
corzo	mamífero
desecha	de desechar
deshecha	de deshacer
echa	del verbo echar
hecha	de hacer
encausar	formar causa
encauzar	dar cauce
errar	andar errante
herrar	poner hierros
ética	ciencia de la moral
hética	fiebre
faces	plural de faz
fases	plural de fase

gallo	ave de corral
gayo	alegre, vistoso
gira	de girar
jira	excursión campestre
grabar	señalar con incisión
gravar	imponer un gravamen
hierba	planta
hierva	de hervir
hierro	metal
yerro	error
hojear	pasar hojas
ojear	pasar los ojos
¡hola!	saludo
ola	onda de agua
honda	femenino de hondo, profundo
onda	ola, ondulación
hora	medida del tiempo
ora	de orar
huso	aparato de hilar
uso	costumbre
incipiente	principiante
insipiente	ignorante
kilo	mil
quilo	líquido del cuerpo humano
losa	baldosa
loza	cierto barro cocido
malla	tejido
maya	indio de Yucatán
mas	pero
más	adverbio de comparación y signo de la suma
masa	harina amasada
maza	arma, instrumento
pulla	ironía
puya	pica o garrocha
rallar	desmenuzar
rayar	hacer rayas
rasa	despejada
raza	casta, origen

rebelar	levantarse contra la autoridad
revelar	descubrir
sabia	con sabiduría
savia	jugo vegetal
sacarías	de sacar
Zacarías	nombre de varón
sueco	de Suecia
zueco	zapato
sumo	supremo
zumo	jugo líquido
tasa	de tasar
taza	vasija pequeña
vos	pronombre personal
voz	sonido, vocablo

Lección octava

Palabras que se juntan para formar una sola

Palabras que se escriben separadas

Nuevas normas de prosodia y ortografía del 1º de enero de 1959

PALABRAS QUE SE JUNTAN PARA FORMAR UNA SOLA

dondequiera   enhoramala   quienesquiera
enhorabuena   quehacer   quienquiera

NOTA. La Academia acepta también *enseguida, entretanto, aprisa.*

PALABRAS QUE SE ESCRIBEN SEPARADAS

sin embargo   entre tanto   en medio
en seguida   so pretexto   a sabiendas

EXPLICACIÓN DE ALGUNAS DE LAS REFORMAS DE 1959

Se autoriza la simplificación de los grupos iniciales de consonantes en las palabras que empiezan con **ps-, mn-, gn-:** *sicología, nemotecnia, nomo.* Las formas tradicionales, *psicología, mnemotecnia, gnomo* se conservan en el Diccionario, y en ellas se da la definición correspondiente.

Ejemplos: *seudoprofeta, sicosis, síquico,* etc., se pueden escribir ya sin la **p** inicial.

Remplazo, remplazar, rembolso, rembolsar se pueden escribir con una sola **e**.

Sin derogar la regla que atribuye al verbo *inmiscuir* la conjugación regular, se autorizarán las formas *con y (inmiscuyo)* por analogía con todos los verbos terminados en **-uir.**

Ejemplo: Se puede decir *inmiscuo* o *inmiscuyo, inmiscues* o *inmiscuyes,* etc.

83

Texto oficial de las nuevas normas de prosodia y ortografía declaradas de aplicación preceptiva desde el 1º de enero de 1959 por la Real Academia Española

1. Cuando el Diccionario oficial de la Real Academia (edición XIX, 1970) autorice dos formas de acentuación de una palabra, se incluirán ambas en un mismo artículo, separadas por la conjunción o: *quiromancia* o *quiromancía*.

2. La forma colocada en primer lugar se considera la más corriente en el uso actual, pero ha de entenderse que la segunda es tan autorizada y correcta como la primera.

3. Respecto de las formas dobles, incluidas por primera vez en la edición XVIIIª del Diccionario (1956), el orden de preferencia adoptado se invertirá en los casos siguientes:

pentagrama / *pentágrama*   *reuma* / *reúma*

4. Se autoriza la simplificación de los grupos iniciales de consonantes en las palabras que empiezan con **ps-**, **mn-**, **gn-**: *sicología, nemotecnia, nomo*. Las formas tradicionales, *psicología, mnemotecnia, gnomo*, se conservan en el Diccionario, y en ellas se da la definición correspondiente.

5. Se autoriza el empleo de las formas contractas *remplazo, remplazar, rembolso, rembolsar*, que se remiten en el Diccionario a las formas con doble **e**.

6. Cuando un vocablo simple entre a formar parte de un compuesto como primer complemento del mismo, se escribirá sin el acento ortográfico que como simple le habría correspondido: *decimoséptimo, asimismo, rioplatense, piamadre*.

7. Se exceptúan de esta regla los adverbios en **-mente**, porque en ellos se dan realmente dos acentos prosódicos, uno en el adjetivo y otro en el nombre **mente**. La pronunciación de estos adverbios con un solo acento, es decir, como voces llanas, ha de tenerse por incorrecta. Se pronunciará, pues, y se escribirá el adverbio marcando en el adjetivo el acento que debiera llevar como simple: *ágilmente, cortésmente, lícitamente*.

8. Los compuestos de verbo con enclítico más complemento (tipo *sabelotodo*) se escribirán sin el acento que solía ponerse en el verbo.

9. En los compuestos de dos o más adjetivos unidos con guión, cada elemento conservará su acentuación prosódica y la ortográfica si

le correspondiere: *hispano-belga, anglo-soviético, cántabro-astur, histórico-crítico-bibliográfico*.

10. Los infinitivos en **-uir** seguirán escribiéndose sin tilde, como hasta hoy.

11. Sin derogar la regla que atribuye al verbo *inmiscuir* la conjugación regular, se autorizarán las formas *con y (inmiscuyo)* por analogía con todos los verbos terminados en **-uir**.

12. Se establecerán como normas generales de acentuación las siguientes:

a) El encuentro de vocal intermedia con extrema átona, o de extrema átona con intermedia tónica, forma siempre diptongo, y la acentuación gráfica de este, cuando sea necesaria, se hará con arreglo a lo dispuesto en el núm. 539, letra *e*, de la Gramática.

b) El encuentro de intermedia átona con extrema tónica, o de extrema tónica con intermedia átona, no forma diptongo, y la vocal extrema llevará acento ortográfico, sea cualquiera la sílaba en que se halle.

13. La combinación **ui** se considerará, para la práctica de la escritura, como diptongo en todos los casos. Solo llevará acento ortográfico cuando lo pida el apartado *e* del número 539 de la Gramática, y el acento se marcará, como allí se indica, en la segunda de las extremas, es decir, en la **i**: *casuístico, benjuí*, pero *casuista*, voz llana, se ecribirá sin tilde.

14. Los vocablos agudos terminados en **-ay, -ey, -oy, -uy,** se escribirán sin tilde: *convoy, maguey, taray, Uruguay, virrey*.

15. Los monosílabos *fue, fui, dio, vio,* se escribirán sin tilde.

16. Los pronombres *éste, ése, aquél,* con sus femeninos y plurales, llevarán normalmente tilde, pero será lícito prescindir de ella cuando no exista riesgo de anfibología.

17. La partícula *aun* llevará tilde *(aún)* y se pronunciará como bisílaba cuando pueda sustituirse por *todavía* sin alterar el sentido de la frase: *aún está enfermo; está enfermo aún.* En los demás casos, es decir, con el significado de *hasta, también, inclusive* (o *siquiera*, con negación), se escribirá sin tilde: *aun los sordos han de oírme; ni hizo nada por él ni aun lo intentó.*

18. La palabra *solo*, en función adverbial, podrá llevar acento ortográfico si con ello se ha de evitar una anfibología.

19. Se suprimirá la tilde en *Feijoo, Campoo* y demás paroxítonos terminados en **oo**.

20. Los nombres propios extranjeros se escribirán, en general, sin

ponerles ningún acento que no tengan en el idioma a que pertenecen; pero podrán acentuarse a la española cuando lo permitan su pronunciación y grafía originales. Si se trata de nombres geográficos ya incorporados a nuestra lengua o adaptados a su fonética, tales nombres no se han de considerar extranjeros y habrán de acentuarse gráficamente de conformidad con las reglas generales.

21. El uso de la diéresis solo será preceptivo para indicar que ha de pronunciarse la **u** en las combinaciones **gue, gui**: *pingüe, pingüino*. Queda a salvo el uso discrecional de este signo cuando, por licencia poética o con otro propósito, interese indicar una pronunciación determinada.

22. Cuando los gentilicios de dos pueblos o territorios formen un compuesto aplicable a una tercera entidad geográfica o política en la que se han fundido los caracteres de ambos pueblos o territorios, dicho compuesto se escribirá sin separación de sus elementos: *hispanoamericano, checoslovaco*. En los demás casos, es decir, cuando no hay fusión, sino oposición o contraste entre los elementos componentes, se unirán estos con guión: *franco-prusiano, germano-soviético*.

23. Los componentes de nueva formación en que entren dos adjetivos, el primero de los cuales conserva invariable la terminación masculina singular, mientras el segundo concuerda en género y número con el nombre correspondiente, se escribirán uniendo con guión dichos adjetivos: *tratado teórico-práctico, lección teórico-práctica, cuerpos técnico-administrativos*.

24. Las reglas que establece la Gramática (núm. 553, párrafos 1º a 8º) referentes a la división de palabras, se modificarán de este modo:

A continuación del párrafo 1º se insertará la cláusula siguiente: "Esto no obstante, cuando un compuesto sea claramente analizable como formado de palabras que por sí solas tienen uso en la lengua, o de una de estas palabras y un prefijo, será potestativo dividir el compuesto separando sus componentes, aunque no coincida la división con el silabeo del compuesto." Así, podrá dividirse *no-sotros* o *nos-otros*, *de-samparo* o *des-amparo*.

En lugar de los párrafos 4º y 5º, que se suprimen, se intercalará uno nuevo: "Cuando, al dividir una palabra por sus sílabas, haya de quedar en principio de línea una **h** precedida de consonante, se dejará esta al fin del renglón anterior y se comenzará el siguiente con la **h**: *al-haraca, in-humación, clor-hidrato, des-hidratar.*"

Los párrafos 6º y 7º continuarán en vigor.

El párrafo 8º se sustituirá por las reglas para el uso del guión contenidas en estas Normas (22ª y 23ª).

25. Se declara que la **h** muda colocada entre dos vocales no impide que estas formen diptongo: *de-sahu-cio, sahu-me-rio*. En consecuencia, cuando alguna de dichas vocales, por virtud de la regla general, haya de ir acentuada, se pondrá el acento ortográfico como si no existiese la **h**: *vahído, búho, rehúso*.

Lección novena

Catálogo de voces
de dudosa ortografía

A

abacería
abad
abalanzar
abalorio
abandonar
abanico
abarcar
abastecer
abatir
abdicar
abdomen
abecé
abedul
abeja
aberración
abertura
abeto
abierto
abismo
abjurar
ablandar
abnegar
abofetear
abogado
abolengo
abolir
abominar
abonar
abordar
aborigen
aborrecer
abotonar
abovedado
abrasar (quemar)
abrazadera
abrazar (ceñir con
    los brazos)

abrevar
abreviar
abrigo
abrir
abrogar
abrojo
abrumar
abrupto
ábside
absoluto
absolver
absorber
abstemio
abstenerse
abstraer
absurdo
abuela
abuelo
abultar
abundancia
aburrimiento
abusivo
abuso
abyección
acabar
acacia
acaecer
acallar
acariciar
acaso
acatarrarse
acceder
accesorio
accidente
acción
accionista
acecinar (salar)
acechanza (espionaje)
acechar

acedar
acéfalo
aceite
aceituna
aceleración
acelerar
acelga
acémila
acendrar
acento
acepción
aceptar
acequia
acera
acerar
acerbo (áspero)
acercar
acero
acérrimo
acertar
acertijo
acervo (montón)
acetona
aciago
acíbar
acicalar
acicate
ácido
acoger
acondicionar
acongojar
aconsejar
acribillar
acróbata
activar
activo
actriz
acuoso
adagio

adefesio
aderezar
adherencia
adherir
adhesión
adición
adivinanza
adivinar
adjetivo
adjudicar
adjunto
administración
admirable
admirativo
admisible
adobar
adobe
a dolecer
adscribir
aducir
advenedizo
adverbio
adversativo
adverso
advertencia
adyacente
afabilidad
afasia
afección
afianzar
afición
afligir
aflojar
agencia
agenda
agigantar
agilidad
agio
agiotaje
agitar
agobiar
agraciado
agradable
agravante
agraviar
agudeza
agüero
aguijón
aguja
agujero

agujeta
aherrojar
ahí
ahijado
ahínco
ahíto
ahogado
ahondar
ahora
ahorcar
ahorrar
ahuecar
ahumar
ahuyentar
aislar
ajar
ajedrez
ajenjo
ajeno
ajetreo
ajo
ajuar
alabar
alabastro
alacena
alambre
alazán
alba
albacea
albañal
albañilería
alberca
albergar
albóndiga
alcancía
alcantarilla
alcanzar
alcayata
alcázar
alcista
alcoba
alcohol
aldaba
aleación
aleluya
alevosía
alfabeto
alfanje
alféizar
alférez

alforja
álgido
alguacil
alhaja
alharaca
alhelí, alelí
alhóndiga
aliciente
aliviar
aljibe
almacén
almacenaje
almáciga
almíbar
almohada
almorzar
altivo
alubia
aluvión
alvéolo
alzar
allegar
allende
amable
amabilidad
amanecer
amasijo
ambages
ambición
ambigú
ambos
ambrosía
ambulancia
amnistía
amoniaco, amoníaco
ampolla
amueblar
anacronismo
análisis
analogía
anarquía
anciano
andamiaje
anexo
anfibio
anfibología
ángel
ángelus
angina
anhelar

anhídrido
anteayer
anteojero
antevíspera
antiflogístico
antigüedad
antojo
antropofagia
anverso
anzuelo
añoranza
aorta
aovar
apacentar
apacible
apelable
apercibir
aperitivo
ápice
Apocalipsis
apófisis
apogeo
apología
apoplejía
apoyar
aprehender (capturar)
aprehensor
aprensivo
aprestar
aprisa
aprobar
aprovechar
aproximar
aproximativo
aquiescencia
árabe
arabesco
arábigo
arable
arancel
arbitraje
arbitrar
arbitrariedad
arbitrio
árbol
arbotante
arcabucero
arcabuz
arcángel
arcilla

archivar
argelino
argentar
argolla
argucia
argüir
arisco
arista
aristocracia
armatoste
armisticio
arnés
arqueología
arrabal
arrebatar
arrebol
arreciar
arrecife
arreo
arrestar
arriar
arriba
arribar
arroba
arrojar
arrollar (envolver,
   atropellar)
arroyar (formar
   arroyos)
arrullar
arrumbar
arsenal
arsenical
artesa
artífice
artificial
arzobispo
asa
asaltar
asamblea
asar
asaz
asbesto
ascender
ascenso
asceta
asco
ascua
asear
asechanza (engaño)

asediar
asentar
asentir
aserción
aserrar
aserto
asestar
así
asiduo
asiento
atalaya
asignar
asir
asociar
aspecto
áspid
aspirar
asta (cuerno, palo)
astigmatismo
asumir
asunto
atestiguar
atmósfera
atracción
atravesar
atrayente
atreverse
atrevido
atribulación
atribuir
atributo
atroz
audacia
audición
audiencia
auditivo
auge
auscultar
ausencia
auspicio
austeridad
autocracia
autógeno
automóvil
autopsia
autosugestión
auxiliar
avalar
avance
avanzada

avaricia
avariento
avasallar
avecilla
avecindar
aventajar
avellano
avemaría
avena
avenencia
avenida
avenir
aventajar
aventar
aventura
avería
averiguar
averno
aversión
avestruz
aviación
aviar
avicultura
avidez
avieso
avispa
avistar
avivar
avizorar
axila
axilar
ayer
ayudar
ayunar
ayuntamiento
azabache
azada
azafata
azafrán
azahar (flor del
  naranjo)
azar (casualidad)
azogue
azotar
azotea
azúcar
azucena
azuela
azufre

azulejo
azuzar

B

baba
babos
babucha
bacalao
bacanal
bacante (de Baco)
bacía (vasija)
bacilo (microbio)
bacteria
báculo
bache
bachiller
badajo
bagaje
bagatela
bahía
bailar
bajada
bajamar
bajar
bajeza
bajío
bajo
bala
baladí
balance
balanza
balasto
balaustrada
balazao
balbucir
balcón
balconaje
balde
baldío
baldosa
balido
balística
balón
balsa
balsámico
baluarte
ballena
bambalina

bambú
bancarrota
banco
banda
bandada
bandeja
bandera
banderilla
bandido
bando
bandolero
bandurria
banquero
banquete
barquillo
barra
barraca
barranco
barrena
barrera
barrica
barriga
barril
barrio
barro
barrocc
barrote
barruntar
bártulos
basca
báscula
base (cimiento)
bastante
bastidor
basto (tosco)
bastón
basura
bata
batalla
batallón
batata
batería
batidor
batir
batista
batuta
bautismo
bautizar
baya (semilla)
bayo

bayoneta
bazar
bazofia
beatificar
beato
beber
beca
becerro
becuadro
befa
begonia
beldad
bélico
bellaco
bello (hermoso)
bemol
bencina
bendición
beneficio
beneplácito
benevolencia
benigno
benjuí
beodo
berbiquí
bereber
berenjena
bergantín
berlina
bermejo
berrendo
beso
bestia
betún
biberón
biblia
biblioteca
bicicleta
bicóncavo
biconvexo
bicho
biela
bienal
bienaventurado
bienestar
bienhechor
bienintencionado
bienvenida
bifurcarse
bigamia

bigote
bilabial
bilateral
bilingüe
bilis
billar
billete
billón
bimestral
binóculo
binomio
biografía
biología
bípedo
birrete
bisagra
bisector
bisemanal
bisiesto
bisílabo
bisnieto
bisoñé
bisoño
bisturí
bizarro
bizcocho
blanco
blandir
blando
blanquear
blasfemo
bloqueo
blusa
boa
bobo
boca
bocadillo
boceto
bocina
bochorno
boda
bodega
bodegón
bofetada
bogar
bohemio
bohío
boicotear
boina
bolillo

bolívar (moneda)
bolsa
bolsillo
bollo
bomba
bombilla
bonancible
bonaerense
bonete
bonito
boquete
boquiabierto
borceguí
bordar
borde
bordón
boreal
borla
borra
borrar
borrasca
borrego
borrico
borrón
bosquejo
bostezo
bota
botadura
bote
botella
botica
botín
botón
bóveda
hoya
boyante
bozal
bracear
braguero
bragueta
brahmán
bramante
bravata
bravío
bravo
bravura
brazalete
brebaje
bregar
breña

brete
breva
breve
bribón
brida
brigada
brillar
brincar
brindis
brío
brisa
brisca
brizna
brocha
broma
bronce
bronco
bronquio
brotar
brujería
brújula
bruñir
brusquedad
bucal
bucear
buen
buey
búfalo
bufete
bufón
buhardilla
búho
buhonería
buitre
bujía
bula
bulbo
bulto
bulla
bullir
buñuelo
buque
burbuja
burgués
buril
burlar
burocracia
bursátil
buscapié
buscar

buzo
buzón

C

cabal
cabalgadura
cabalgata
cabalístico
caballar
caballería
caballero
caballeroso
caballete
cabaña
cabecera
cabecilla
cabellera
cabello
cabestrillo
cabestro
cabeza
cabildo
cabizbajo
cable
cablegrama
cabo
cabotaje
cabra
cabrío
cabriolé
cacahuate
cacique
cachivache
cadáver
cadencia
cajero
cajetilla
cajista
calabaza
calabozo
calavera
calcetín
calsificar
calcinar
calcjo
calefacción
calibrar
cariliginoso

cáliz
calva
calvario
calvicie
callar
callejear
callejero
cambalache
cambiar
camionaje
cancel
cancela
cancelar
cancelar
cáncer
canción
candelabro
candidez
cangrejero
caníbal
canibalismo
canicie
canje
canjeable
canonjía
cantizal
cañaveral
cañonazo
caoba
caos
capacidad
capacitar
caparazón
capcioso
caperuza
capitulación
cápsula
caquexia
carabao
carabela
carabina
carabinero
característico
carámbano
carambola
caravana
carbón
carbonar
carbonato
carbonero

carbónico
carbono
carburante
carburo
carcaj
cárcel
cardiaco, cardíaco
cardialgia
cardizal
carecer
carey
cariacedo
cariacontecido
cariaguileño
caricia
cariharto
caritativo
cariz
carnaval
carneraje
carnicería
carnívoro
carniza
carretaje
carretonaje
carricuba
carrocería
carruaje
cartonaje
cartuja
cascabel
cascabelar
cascarrabias
casquivana
castellanizar
casticismo
castizo
catalejo
catalepsia
catavino
catecismo
catequizar
caterva
catolicidad
catorce
catorzavo
cauce (lecho de los
    ríos)
caución
caudillaje

causahabiente
casualidad
causativo
causticidad
cautivar
cautiverio
cava
cavador
cavar
caverna
cavernícola
cavernoso
caviar
cavidad
cavilación
cavilar
cayado
cazar
cazo (vasija)
ceba
cebada
cebar
cebo (alimento, pábulo,
    explosivos)
cebolla
cebra
cebú
cecina
cecografía
cedazo
ceder
cedro
cédula
cedulaje
cefalalgia
cefalitis
cefalópodo
céfiro
cegar (perder la vista)
cegesimal
ceguera
ceiba
ceja
cejar
cejijunto
cejilla
cejudo
celada
celador
celaje

celar
celda
celdilla
celebérrimo
celebrante
celebrar
célebre
celebridad
celeridad
celeste
celestial
celibato
célibe
celo
celosía
celoso
celsitud
céltico
celtohispánico
célula
celular
celuloide
celulosa
cellisca
cello (aro)
cementación
cementerio
cemento
cena
cenaaoscuras
cenáculo
cenagal
cenagoso
cenar
cenceño
cencerro
cendal
cenefa
cenicero
cenicienta
cenit, zenit
ceniza
cenobita
cenote
censo
censor
censura
censurar
centauro
centavo

centella
centelleante
centellear
centelleo
centena
centenada
centenal
centenar
centenario
centeno
centesimal
centiárea
centígrado
centilitro
centímetro
céntimo
centinela
centrado
central
centralismo
centralista
centralización
centralizar
centrar
centrífugo
centrípeto
centuplicar
céntuplo
centuria
centurión
ceñido
ceñidor
ceñir
ceño
ceñudo
cepa
cepeda
cepillar
cepillo
cepo
cera
cerámica
ceramista
cerbatana
cerca
cercado
cercanía
cercar
cercenar
cerciorar

cerco
cerda
cerdo
cereal
cerebelo
cerebro
cerebral
ceremonia
ceremonioso
céreo
cereza
cerezal
cerezo
cerífero
cerilla
cerina
cerner
cero
ceroplástica
cerquillo
cerradiza
cerradura
cerrajería
cerrajero
cerrar
cerril
cerro
cerrojazo
cerrojo
certamen
certero
certeza
certificado
certificar
certísimo
cerúleo
cerumen
cerval
cervantino
cervato
cervecería
cerveza
cervical
cerviz
cesación
cesante
cesantía
cesar
cesárea
cese

cesión (de ceder)
césped
cesta
cesto
cetrino
cetro
ciática
cicatero
cicatriz
cicatrizar
cicerone
cíclico
ciclismo
ciclista
ciclo
cíclope
cicuta
cidra (fruto)
cidral
ciego
cielo
ciempiés
ciénaga
ciencia
cienmilésimo
cienmilímetro
cienmillonésimo
cieno
científico
ciento
cierne
cierre
cierto
ciervo (mamífero)
cierzo
cifra
cifrar
cigarra
cigarrillo
cigarro
cigüeña
cilicio
cilíndrico
cilindro
cima
cimbra
cimero
cimiento
cinc, zinc
cincel

cincelar
cinco
cincografía
cincuenta
cincuentavo
cincuentena
cincuentón
cincha
cinchar
cincho
cinegético
cinematografía
cinematográfico
cínico
cinismo
cinta
cinto
cintura
cinturón
ciprés
cipresal
circense
circo
circuito
circulación
circular
círculo
circumpolar
circunciso
circunferencia
circunferir
circunloquio
circunscribir
circunspección
circunstancia
circunstancial
cirio
cirro
cirrosis
ciruela
cirujano
cisma
cismático
cisne
cisterna
cisura
cita
citación
citar
cítara

ciudad
ciudadano
ciudadela
cívico
civil
civilista
civilización
civilizar
civismo
cizaña
claraboya
clarificativo
clarividencia
clasicismo
clava
clavadizo
clavado
clavar
clavazón
clave
clavel
clavetear
clavicordio
clavícula
clavija
clavo
clemencia
clerecía
climatología
climatológico
clorhidrato
clorhídrico
cloroformizar
club
coacción
coactivo
coadjutor
coadjutoría
coadyuvante
coadyuvar
coagulación
coalición
coba
cobarde
cobardía
cobertizo
cobija
cobijar
cobra
cobrizo

cocear
cocina
cocinar
códice
codicia
codiciar
coeducación
ooeficiente
coetáneo
coexistir
coger
cogida
cohabitar
cohechar
cohecho
coheredar
coherencia
cohesión
cohesivo
cohete
cohibir
coincidir
cojear
cojera
cojín
cojinete
colaboración
colaborar
colación
coladizo
colapso
colección
colectivo
colegial
colegio
colegir
coliseo
colisión
coloniaje
colorativo
comandancia
combar
combatiente
combatir
combatividad
combinación
combinar
combustible
combustión
comercio

comezón
comisión
comisura
compadecer
compadraje
compadrazgo
compaginación
compaginador
compaginar
comparable
comparación
comparativa
comparecencia
comparecer
compasivo
compatible
compensable
compensación
complacer
complaciente
complejidad
complexión
cómplice
composición
comprensivo
comprensión
compresivo
comprobar
compulsivo
compungido
compungir
comunicable
comunicación
comunicativo
concavidad
cóncavo
concecible
concebir
conceder
concejal
concejil
concentrar
concepción
concepto
conceptuar
concernir
concertar
concesión
conciencia
concienzudo

concierto
conciliación
conciliar
concilio
concitar
conclave, cónclave
conclusivo
concordancia
condescender
condición
conducción
conductivo
conejillo
conexión
confabular
confeccionar
confederación
conferencia
confianza
confidencia
confluencia
confusión
congelar
congénere
congeniar
congénito
congestión
congestivo
congoja
conjetura
conjugación
conjunción
conjuntiva
conmover
conmutable
conocer
consciente
conseguir
consejero
consejo
consenso
consentir
conserje
conserjería
conserva
conservación
conservar
consigna
consignar
consiguiente

consistencia
consistorio
consocio
consola
consorcio
conspirar
constancia
constelación
consternar
constiparse
constituyente
constreñir
constrictivo
construcción
consuetudinario
consumación
consumición
consustancial
contabilidad
contagiar
contagio
contemplativo
contigüidad
contingente
contorsión
contrabajo
contrabalancear
contrabando
contrabarrera
contracción
contradicción
contrahecho
contrarrevolución
contrasalva
contravapor
contraveneno
contravenir
contrayente
contribución
contribuyente
contrición
controversia
contumaz
convalecencia
convalecer
convalidar
convencer
convención
convencional
conveniencia

100

convenir
convento
convergir
conversar
conversión
convertir
convexidad
convexo
convicto
convidar
convincente
convite
convivencia
convivir
convocar
convoy
convoyar
convulsión
convulsivo
convulso
conyugal
cónyuge
cooperación
cooperar
cooperativo
coordinar
copartícipe
coraje
corbata
corbeta
corcel
cordobés
corporativo
corrección
correctivo
corregir
corretaje
corroborar
cortijero
cortinaje
corva
cosmología
costillaje
costumbre
cuadragésimo
cuáquero
cuatralbo
cuba
cubeta
cubicar

cubierta
cubierto
cubil
cubilete
cubo
cubrir
cuchillo
cuentahílos
cuervo
cuestionable
cueva
culebra
culpabilidad
culpable
cultivar
cumbre
curable
curativo
curiosidad
curvatura
curvilíneo
covacha
coyote
coyunda
coyuntura
craneología
crecer
credencial
crepúsculo
creyente
criba
cribar
criminología
criptografía
cronología
cruce
crucero
crucificar
crucifijo
crujía
crujir
curvo
cuyo

D

doble
dactilografía
dádiva

dadivoso
danzar
dativo
debajo
debate
debe
deber
débil
debilitar
débito
decadencia
decena
decencia
decenio
decente
decepción
deciárea
decible
decigramo
decilitro
décima
decimal
decir
decisión
decisivo
declarable
declive
decorativo
deducción
deductivo
deducir
defendible
defensivo
deferencia
deficiencia
déficit
definición
definitivo
degeneración
degenerar
degüello
dehesa
dejillo
deleble
deleznable
delgadez
deliberar
deliberativo
delicadez
delicadeza

delicia
delicioso
delictivo
delincuencia
demagogia
democracia
demostrable
demostrativo
denotativo
denunciar
depravado
depravar
deprecación
depreciación
depredación
depurativo
derivar
derribar
derrumbar
desabastecer
desabejar
desabollar
desabotonar
desabrido
desabrigar
desabrochar
desaceitar
desacerar
desacertar
desacierto
desadormecer
desadvertir
desagradecer
desagraviar
desagüe
desahogado
desahogo
desahuciar
desahucio
desahumar
desalhajar
desapacible
desaparecer
desapercibido
desapreciar
desaprensivo
desaprobar
desaprovechar
desarbolar
desavecindarse

desavenencia
desavisar
desayunarse
desayuno
desazón
desbancar
desbandarse
desbarajuste
desbaratar
desbarrar
desbastar
desbocar
desbordar
desbravar
descabalgar
descabellar
descabezar
descabritar
descalabrar
descalzar
descender
descentrar
desceñir
descercar
descerrajar
descifrar
descimentar
desclavar
descoagular
descobijar
descombrar
desconcertar
desconectar
desconocer
descontentadizo
descorazonar
descoyuntar
descreencia
describir
descriptivo
descubrir
desdibujado
deseable
desembarazar
desembarcar
desembocar
desembolsar
desembotar
desembragar
desembrollar

desemejanza
desempañar
desempaquetar
desempatar
desempeñar
desempolvar
desencadenar
desencajar
desenclavar
desencoger
desenhebrar
desenhornar
desenmohecer
desentablar
desentumecer
desenvainar
desenvolver
desenzarzar
desfachatez
desgaje
desgobierno
desgracia
deshabitar
deshabituar
deshacer
desharrapado (desarra-
pado)
deshebrar
deshechizar
desheredar
desherrar
deshidratar
deshilar
deshilvanado
deshinchar
deshojar
deshollinar
deshonesto
deshonrar
deshora
deshumedecer
desiderátum
designio
desimaginar
desinfectar
desinflar
desinvernar
deslabonar
deslavar
deslucir

deslumbrar
desmayar
desmerecer
desnivel
desobedecer
desobligar
desovar
desovillar
desoxigenar
despabilar
despacio
despavorir
despectivo
desperdiciar
desplacer
despliegue
despoblación
despoblar
despolvorear
despreciar
desprestigiar
desprevenido
desprivar
desproveer
desquiciar
desrizar
destejer
destorcer
destrabar
destructivo
destruir
desvainar
desvalijar
desvalimiento
desván
desvanecer
desvariar
desvelar
desvencijar
desventaja
desventura
desvergüenza
desviar
desvirtuar
desvivirse
desyerbar (desherbar)
detergente
detestable
devanar
devaneo

devastar
devengar
devenir
devoción
devolver
devorar
devoto
dextrina
diabético
diablo
diablura
diagnosis
diagnóstico
dialéctica
dibujar
dicción
diccionario
diciembre
dictamen
didáctico
diecinueve
diecinueveavo
dieciochavo
dieciocho
dieciséis
dieciseisavo
diez
diezmar
diezmilímetro
diferencia
diferenciar
difícil
difracción
difusión
digerir
digestivo
digital
dígito
dije
diligencia
diligente
dilucidar
diluvio
dimensión
diminutivo
dimisión
diocesano
diplomacia
dipsomanía
díptero

diputación
dirección
directivo
discernir
discilpina
discreción
discrepancia
disfraz
disminución
disolver
dispepsia
displicencia
distribución
disyuntiva
divagar
diván
divergir
diversión
dividir
divinidad
divisa
divisibilidad
divo
divorciar
divulgar
doblar
doble
doblegar
doblete
doblez
doce
docente
dócil
domicilio
donativo
doncel
dozavo
dubitativo
dúctil
dulce
dulzura
duodécimo
duplicidad

E

ebanista
ebrio
ebullición

103

ebúrneo
eclesiástico
eclipse
economía
ecuestre
ecuménico
eczema, eccema
edición
educación
educativo
efectivo
efemérides
efervescencia
eficaz
eficiencia
efigie
efímero
efluvio
efusión
egiptología
egoísmo
egotismo
eje
ejecutar
ejemplo
ejercicio
ejército
ejido
elaborar
elasticidad
elección
eléctrico
electroimán
elegía
elegir
elevación
elipsis
elíptico
elocuencia
elogio
emancipar
embadurnar
embajada
embalar
embaldosar
embalsamar
embalse
embarazar
embarcación
embarcar

embargar
embarque
embarrar
embate
embeber
embelesar
embellecer
embestir
emblema
embobar
embocadura
embolia
émbolo
emboquillar
emborrachar
emboscada
embotar
embotellar
embotijar
embozar
embrague
embravecer
embriagar
embrión
embrollar
embromar
embrutecer
embudo
embuste
embutir
emerger
eminencia
emisario
emoción
emotivo
empalizada
emparejar
empastar
empellón
empezar
empírico
emplazar
empobrecer
empollar
empujar
émulo
enajenación
enajenar
enaltecer
enarbolar

enardecer
encabalgar
encabezar
encajar
encajoner
encalabrinar
encallar
encanecer
encanijar
encarcelar
encarecer
encarnación
encarnizado
encasillar
encauzar (abrir cauce)
encéfalo
encenagarse
encender
encerar
encerrar
encestar
encíclica
enciclopedia
encierro
encima
encina
enclavar
encoger
encohetar
encrucijada
encrudecer
encubar
encubrir
encumbrar
endeble
endecasílabo
endémico
enderezar
endomingarse
endosar
endulzar
endurecer
eneágono
enebro
enemistar
energía
energúmeno
enervante
enervar
enfangar

104

énfasis
enfrascarse
enfurecer
enfurruñarse
engallarse
engarce
engarzar
engastar
engatusar
engendrar
engendro
englobar
engranaje
engrandecer
engravecer
engreír
engrosar
engullir
enharinar
enhebillar
enhebrar
enhiesto
enhorabuena
enhoramala
enjabonar
enjambre
enjarciar
enjoyar
enjuagar
enjuague
enjugar
enjuiciar
enjundia
enjuto
enlace
enladrillar
enlazar
enloquecer
enmascarar
enmohecer
enmudecer
ennegrecer
ennoblecer
enojar
enología
enquistarse
enrarecer
enrayar
enrejar
enriquecer

ensalivar
ensamblaje
ensanche
ensayar
enseñanza
ensoberbecer
ensombrecer
ensordecer
ensuciar
entablar
entablillar
enternecer
entibiar
entonces
entrambos
entreabrir
entredós
entrelazar
entrelucir
entreoír
entretejer
entretejimiento
entreventana
entrever
entreverar
entrevista
entristecer
entronizar
entubar
entumecer
enturbiar
enunciar
envainar
envalentonar
envalijar
envanecer
envarar
envaronar
envasar
envejecer
envenenar
envergadura
envés
enviar
enviciar
envidia
envigar
envilecer
enviuda
envoltorio

envolver
enyesar
enzarzar
epiceno
episcopal
epistolar
epopeya
equidistancia
equilibrio
equipaje
equitativo
equivaler
equivocar
erección
erigir
errar
erupción
eruptivo
esbeltez
escabechar
escabroso
escabullir
escafandra
escampavía
escanciar
escandinavo
escarabajo
escarbar
escarceo
escardar
escarnecer
escasez
escena
escepticismo
escisión
esclarecer
esclavina
esclavo
escoba
escocer
escocés
escoger
escombrar
escorbuto
escozor
escribir
escualidez
escuálido
escupitajo
esencia

esfinge
esfínter
esfuerzo
eslabón
eslavo
espabilar
espaciar
espacioso
esparcir
especia
especial
especie
especificar
específico
espécimen
espectáculo
espectro
especular
especulativo
espejismo
espejo
esperanza
espía
espigar
espiguilla
espíritu
esponjoso
esporádico
espumaje
esquí
esquife
esquila
esquilmar
esquina
esquirla
esquivar
esquivez
esquivo
estabilidad
estable
establecer
establecimiento
establo
estación
estacionario
estadizo
estalactita
estalagmita
estambrar
estancia

estatuir
estebar
estentóreo
estéril
esterilizar
estibar
estiércol
estigma
estigmatizar
estimable
estimativa
estivada
estival
estorbar
estrambótico
estratagema
estrategia
estratégica
estrechez
estremecer
estribo
estribor
estropicio
estructura
estupefactivo
estupidez
etcétera
etimología
etiología
étnico
etnología
eucaristía
eufonía
evacuación
evacuar
evadir
evaluar
evangélico
evangelizar
evaporar
evasiva
evento
eventual
evicción
evidencia
evidente
evitable
evitar
evocación
evocar

evolucionar
evolutivo
exacción
exacerbar
exactitud
exageración
exagerar
exaltar
examen
examinar
exangüe
exánime
exasperar
excarcelar
excavar
excedente
exceder
excelencia
excelentísimo
excelso
excéntrico
excepción
exceptuar
exceso
excipiente
excitar
exclamar
exclaustrar
excluir
exclusiva
excomulgar
excrecencia
excremento
excretar
exculpar
excursión
excusa
excusable
excusar
execrar
exégesis
exención
exento
exequias
exfoliar
exhalación
exhalar
exhausto
exheredar
exhibición

exhibir
exhortación
exhortar
exhumar
exigencia
exigir
exigüidad
exiguo
eximio
eximir
existencia
existir
éxito
exonerar
exorbitancia
exorbitante
exordio
exótico
expansión
expansivo
expatriarse
expectación
expectativa
expectorar
expedición
expediente
expedir
expedito
expeler
expender
expendio
experiencia
experimentar
expiar
expirar
explanada
explanar
explayar
explicación
explicaderas
explicar
explícito
explorar
explosión
explosivo
explotación
explotar
expoliar
exponencial
exponer

exportación
exportar
exposición
expósito
expositivo
expositor
expresar
expresión
expresivo
exprimir
ex profeso
expropiar
expugnable
expugnar
expulsar
expurgar
exquisito
extasiarse
éxtasis
extender
extensivo
extenuar
exterior
exteriorizar
exterminar
externo
extinción
extinguible
extinguir
extirpar
extorsión
extracción
extractar
extracto
extradición
extraer
extrajudicial
extralimitarse
extramuros
extranjería
extranjerismo
extranjero
extrañar
extraño
extraoficial
extraordinario
extraterritorial
extravagancia
extraversión
extraviar

extremar
extremaunción
extremeño
extremidad
extremista
extremo
extrínseco
exuberancia
exuberante
exudación
exudar
exvoto

F

fabada
fábrica
fabricante
fabricar
fabril
fábula
fabuloso
facción
faccioso
faceta
facial
fácil
facilitar
facineroso
facsímil (facsímile)
factible
factoraje
facultativo
fajero
fajilla
fajín
fajina
falange
falangeta
falangina
falaz
falibilidad
falible
falúa
fallecer
fanatizar
farfullar
faringe
faringitis

fascinar
fauces
favor
favorable
favoritismo
faz
febrero
febrífugo
febril
fehaciente
fenecer
fénix
feraz
feroz
ferroviario
ferruginoso
férvido
fervor
fervoroso
festival
festividad
festivo
fiambre
fibra
fibroma
ficción
ficticio
fiduciario
fiebre
fijeza
filiación
filibustero
filicida
filología
fincabilidad
fingimiento
fingir
fisiología
flagelar
flamígero
flaqueza
flebitis
fleje
flexibilidad
flexible
flexión
flojear
floreciente
fluorescencia
fobia

folklore
follaje
forajido
forcejear
forcejeo
formativo
forraje
forrajear
forrajero
fosforescencia
fosilización
fotofobia
fotograbar
fracción
fraccionar
frágil
frambuesa
francmasón
franqueza
fraseología
fraternizar
fratricida
fray
frazada
frecuencia
fricción
friccionar
frígido
frontispicio
fructífero
fruición
fruncir
frutaje
fucilazo
fugaz
fugitivo
fulgente
fúnebre
furibundo
furtivo
fútbol, futbol

G

gabacho
gabán
gabardina
gabinete
gacetilla

galicismo
galvanismo
gallipava
ganancial
ganzúa
garabato
garbanzo
garbear
garboso
garza
gasógeno
gaveta
gavilán
gavilla
gaviota
gayo
gelatina
gélido
gema
gemación
gemir
genealogía
gcneral
generalidad
género
generosidad
génesis
genial
genio
genitivo
genízaro jenízaro
genovés
gente
gentil
gentilhombre
gentilicio
genuflexión
genuino
geocéntrico
geografía
geometría
geranio
gerente
germánico
germen
germinar
gerundio
gesta
gesticular
gestionar

gestor
giba
giboso
gibraltareño, jibral-
  tareño
gigante
gimnasia
gimnasta
gimotear
ginebra
ginecología
giralda
girar
girasol
giro
giróstato
gitanería
gitano
glacial
glaciar
glicerina
globo
glóbulo
gnomo, nomo
gnóstico, nóstico
gobernador
gobernar
gobierno
goce
gorjeo
gozne
grabado (arte de gra-
  bar)
gracia
granjear
granujería
gratificación
grava (piedra macha-
  cada)
gravamen
grave
gravedad
gravitar
gravoso
graznar
graznido
grey
guajira
guardabarrera
guardabarros

guardabosque
guardabrisa
guardacabras
guardagujas
guardapolvo
guarnecer
guarnición
guayabera
gubernamental
gubernativo
guía
guija
guijarro
guillotina
guión
guisa
guisante
guisar

H

haba
habanera
habano
hábeas corpus
haber
habichuela
habiente
hábil
habilidad
habilitar
habitable
habitación
habitante
habitar
hábito
habituar
habla
hablador
habladuría
hablar
hacedero
hacedor
hacendado
hacendar
hacendoso
hacer
hacienda
hacinar

hacha
hachazo
hache
hada
hado
haitiano
¡hala!
halagador
halagar
halago
halagüeño
halcón
hálito
halo
halógeno
hallar
hallazgo
hamaca
hambre
hambriento
hamburgués
hampa
haragán
harapiento
harapo
harén
harina
harinero
harinoso
hartar
hartazgo
harto
hasta
hastío
hatajo (ganado)
hato
hazaña
hazmerreír
hebilla
hebra
hebreo
hecatombe
hectárea
hectogramo
hectolitro
hectómetro
hechicería
hechicero
hechizar
hecho

109

hechura
heder
hediondo
hegemonía
helada
helar
helecho
helénico
hélice
helio
heliograbado
heliógrafo
helioscopio
helioterapia
hembra
hemiciclo
hemisferio
hemoglobina
hemorragia
hemorroidal
henchir
hender
hendidura
heno
hepático
herbazal
herbívoro
herbolario
hercúleo
hércules
heredad
heredar
heredero
hereje
herejía
herencia
herida
herir
hermanar
hermético
hermosear
hermoso
hermosura
hernia
héroe
heroico
herradura
herraje
herramienta
herrar

herrería
herrero
herrumbre
hervir
hervor
heterodoxia
heterodoxo
heterogeneidad
heterogéneo
hexaedro
hexágono
hez
hiato
híbrido
hidalgo
hidalguía
hidra
hidrácido
hidrato
hidráulico
hidroavión
hidrofobia
hidrógeno
hidrografía
hidrómetro
hidropesía
hiedra
hielo
hiena
hierático
hierba
hierbabuena
hierbajo
hierro
hígado
higiene
higiénico
higo
higuera
hijo
hijuelo
hilacha
hilado
hilazo
hilera
hilo
hilván
hilvanar
himeneo
himno

hincapié
hincar
hinchar
hinchazón
hinojo
hioides
hipar
hipérbola
hipérbole
hípico
hipnosis
hipnotismo
hipnotizar
hipo
hipocondría
hipocondrio
hipócrita
hipopótamo
hipoteca
hipotenusa
hipótesis
hiriente
hisopo
hispánico
hispanoamericano
histología
historia
histórico
hocico
hogaño
hogar
hogaza
hoja
hojalata
hojaldre
hojarasca
hojear
hola
Holanda
holandés
holgado
holganza
holgar
holgazán
hogazanería
holgorio
holocausto
hollar
hollín
hombrada

110

hombre
hombro
homenaje
homicidio
homogéneo
homónimo
honda
hondo
hondonada
hondura
honestidad
honesto
hongo
honor
honorífico
honra
honradez
honrado
hora
horadar
horario
horca
horchata
horda
horizontal
horizonte
horma
hormiga
hormigón
hornada
hornillo
horno
horóscopo
horquilla
horrendo
horrible
horripilar
horror
horroroso
hortaliza
hortelano
hortensia
hosanna
hosco
hospedaje
hospedar
hospicio
hospital
hospitalidad
hosquedad

hostería
hostia
hostigar
hostil
hostilizar
hotel
hoy
hoyo
hoz
hueco
huelga
huella
huerco
huérfano
huero
huerta
huerto
hueso
huésped
hueste
huevo
hugonote
huida
huidizo
huir
hule
hulla
humanidad
humanitario
humano
humareda
humear
humedad
humedecer
húmedo
húmero
humildad
humilde
humillación
humillar
humo
humor
humorismo
hundir
húngaro
huno (pueblo)
huracán
huraño
hurgar
hurón

hurra
hurtar
husmear
huso

I

ibérico
ibis
iceberg
icosaedro
ictericia
ictiología
idéntico
ideología
idiosincrasia
idiotez
iglesia
ignición
ignorancia
ilación
ilativo
ilegible
ilegítimo
ilícito
ilógico
ilusión
iluso
ilustrar
ilustrísimo
igniscencia
imagen
imaginación
imaginaria
imaginero
imbécil
imbuir
impacientar
impalpable
imparcial
imparcialidad
impasible
impávido
impecable
impenetrable
impenitencia
imperativo
imperceptible
imperdible

111

imperecedero
imperfección
imperioso
impermeable
impersonal
impertinencia
imperturbable
implacable
implícito
imponderable
imposible
impostor
impracticable
impresionar
imprevisto
ímprobo
improvisar
impureza
imputable
inacabable
inaccesible
inacción
inactivo
inadvertencia
inalterable
inapreciable
inaprensivo
incapaz
incendiario
incinerar
incisión
incisivo
incitativo
incivil
incluir
inclusive
incluyente
incoativo
incobrable
incógnito
incoherente
incombustible
incompasivo
incomplexo
incomprensible
inconcebible
inconexo
inconmovible
inconsciencia
inconsútil

incontrovertible
inconvertible
incorregible
incorrupto
increpación
incubar
incultivable
incumbencia
indebido
indefectible
indeleble
indescifrable
indescriptible
indesignable
indestructible
indígena
indigente
indigesto
indisciplinado
individual
indivisible
índole
inducción
indulgente
inefable
ineficaz
inepcia
inervación
inestable
inevitable
inexacto
inexcusable
inexhausto
inexistente
inexperto
inexplicable
inexpresivo
inexpugnable
inextensible
inextenso
inextinguible
inextricable
infalible
infancia
infanticida
infausto
infebril
infeccioso
infeliz
inficionar

ínfimo
infestar
inexplorado
inflexión
inflación
infligir
influencia
influyente
infracción
infraoctava
infringir
infructuoso
ingeniar
ingeniería
ingenioso
ingénito
ingenuo
ingestión
ingrávido
inhábil
inhabilitar
inhabitable
inhacedero
inhalar
inherente
inhibir
inhospitalario
inhumanidad
inhumano
inhumar
iniciar
iniciativa
inimaginable
ininteligible
injerto
injuria
injusto
inllevable
inmejorable
inmenso
inmersión
inmotivado
inmovilizar
inmundicia
inmutable
innato
innavegable
innecesario
innegable
innoble

innocuo
innovar
innumerable
inobediente
inobservable
inocencia
inolvidable
inoxidable
inquisición
insalivar
insalubre
insanable
inscribir
inscripción
insecticida
inservible
insigne
insignia
insignificancia
insolvente
insomnio
inspeccionar
instructivo
insubordinar
insustancial
intangible
integérrimo
intelectivo
inteligencia
inteligible
interceder
interceptar
interdigital
interrumpir
interruptor
intersección
intersticio
intervalo
intervenir
intransferible
intransigente
intrasmitible
introducir
introverso
inurbano
invadir
invalidar
inválido
invariable
invectiva

invención
inventar
invernáculo
invernadero
inverosímil
invertebrado
invertir
investigar
investir
inveterado
invicto
invierno
inviolable
invisible
invitar
invocar
involucrar
involuntario
inyectar
irreductible
irreemplazable
irreflexivo
irreligión
irremisible
irrescindible
irreverente
irrevocable
irrisible
irrupción
isla
islam
islán
isleño
isócrono
israelita
istmo
izar
izquierdo

J

jabalí
jabalina
jabato
jabón
jaca
jacarandoso
jacinto
jactarse

jaez
jagüey
jamelgo
jaqueca
jarabe
jarcia
javanés
jazmín
jefe
jengibre
jeque
jerarquía
jerez
jerezano
jerga
jergón
jerigonza
jeringa
jeringuilla
jeroglífico
jersey
Jesucristo
jesuita
jeta
jibia
jícara
jilguero
jinete
jipijapa
jira
jirafa
jirón
joroba
joven
jovial
joya
jubilar
jubileo
jubón
juicio
jurisdicción
justicia
juventud
juzgar

K

kan
kantismo

113

kappa
kilogramo
kilolitro
kilómetro
kilovatio

L

lábaro
laberinto
labia
labio
labor
laboratorio
labrador
labrar
lacear
lacerar
lacero
lacio
lambdacismo
lance
lanceta
languidez
lápiz
largueza
laringe
larva
lascivia
lasitud
lava
lavabo
lavadero
lavar
laxar
lección
legendario
legión
legislar
legítimo
lejía
lejísimos
lencería
lenguaje
lengüeta
lengüilargo
lenitivo
leva
levadura

levantar
levantisco
leve
levita
léxico
ley
leyenda
libar
libelo
liberal
libertad
libertinaje
libra
librar
libre
librea
librería
libreta
libreto
libro
licencia
licencioso
licitar
liebre
ligero
linaje
lince
lingüística
lisbonés
lisonjero
litigio
liturgia
liviano
lívido
loable
loba
lobezno
lobo
lóbrego
lóbulo
locomóvil
locución
logia
lógica
logicismo
lombriz
longitud
lubricar
lucero
lúcido

luciérnaga
Lucifer
lucio
lucir
luctuoso
lúgubre
lumbago
lumbre
luminiscencia
lustrar
lustrina
luxación
luz

LL

llaneza
llave
llavín
llevadero
llevar
llovedizo
llover
llovizna
lluvia

M

macabro
macerar
maceta
macizo
machihembrar
maderaje
madreclavo
madreselva
madrinazgo
madurez
magia
mágico
magisterio
magistrado
magistral
magnánimo
magnesia
magnético
magnífico
mahometano

114

maicena
maíz
majestad
majestuoso
malabarista
malaventura
malbaratar
maldecir
maldición
malévolo
malhablado
malhadado
malhecho
malhechor
malherir
malhumorado
malicia
maliciar
malintencionado
malquerencia
malva
malvado
malvasía
malvender
malversar
mancebo
mancilla
mancipar
mandíbula
manganeso
manojear
mansedumbre
manuscribir
manutención
maquiavélico
maravedí
maravilla
maravilloso
marcial
margen
marginal
maridaje
martirizar
masaje
masajista
matraz
matricida
matriz
maxilar
máximo

mayo
mayonesa
mayor
mayorazgo
mayordomo
mayoría
mayúsculo
mazmorra
mazorca
mazurca
mecedora
mecenas
mecer
medicina
medición
medieval
mejilla
mejunje
membrana
membrete
membrillo
membrudo
mención
meninge
meningitis
menoscabar
mensaje
merced
mercenario
mercería
merecer
merluza
mesonaje
mestizo
metalización
metamorfosis
mezclar
mezquino
mezquita
microbio
microcéfalo
milicia
mineraje
minerva
minucia
miscelánea
misiva
mixto
moblaje
mocedad

mohín
mohína
moho
moje
mojicón
mojiganga
mojigato
molicie
monje
monjil
monstruo
montaje
mordaz
moscovita
motivar
motivo
movedizo
mover
movible
movilizar
movimiento
mozalbete
mudanza
mudez
mueble
mugido
mujer
mujeriego
munición
municipal
municipalizar
municipio
munificencia
murciélago
mutabilidad
mutación

N

naba
nabab
nabicol
nabina
nabiza
nabla
nacimiento
nación
nacional
naranjero

naranjilla
narciso
natividad
nativo
naufragio
nava
navaja
naval
nave
navegar
navidad
navideño
navío
náyade
nebladura
necedad
necesario
neceser
necesidad
necio
necrología
negativo
negligencia
negociar
neologismo
neoyorquino
nervadura
nervio
nervioso
nervudo
neuralgia
nevado
nevar
nevera
nevisca
nexo
nicaragüense
niebla
nieve
nimbo
nitrógeno
nivelar
níveo
nobilísimo
noble
nobleza
nocivo
noctámbulo
noctívago
Nochebuena

nonagenario
nonagésimo
nostalgia
notabilidad
notable
novatada
novecientos
novedad
novel
novela
novelesco
novena
noventa
noviazgo
noviciado
noviembre
novillada
novillero
novillo
novísimo
novocaína
nubarrón
nube
núbil
nublado
nueve
nuevo
nupcial
nutrición

O

obcecación
obcecar
obcláveo
obedecer
obediente
obelisco
obertura
obeso
óbice
obispo
óbito
objeción
objetar
objetivo
objeto
oblación
oblativo

oblea
oblicuo
obligación
obligar
oblongo
oboe
óbolo
obra
obrador
obrar
obrero
obsceno
obscurecer, oscurecer
obscuro, oscuro
obsequiar
obsequio
observador
observancia
observar
observatorio
obsesión
obsesivo
obstante
obstar
obstetricia
obstinación
obstinarse
obstrucción
obstruir
obtención
obtener
obturación
obturar
obtuso
obvención
obviar
obvio
occidental
Occidente
occipital
occipucio
occisión
oceánico
océano
ocio
ocioso
ocluir
octava
octogenario
octogésimo

octubre
ocurrencia
ochavo
ochocientos
odalisca
odisea
odontología
oeste
oficial
oficina
oficio
ofrecer
oftalmología
ofuscación
ofuscar
oído
oíble
oír
oíslo
ojal
ojalá
ojear
ojera
ojeriza
ojiva
ojival
ojo
oleaginoso
oleaje
olimpiada, olimpíada
olivar
olivo
olvidadizo
olvidar
olla
ombligo
ominoso
omisión
ómnibus
omnisciente
omnívoro
once
ondulación
oneroso
ónice
onomástico
onomatopeya
onza
onzavo
operación

oposición
opositor
opresión
opresivo
oprobio
optimismo
opuesto
opulencia
opúsculo
oración
oráculo
orangután
orbe
órbita
ordenación
ordenanza
oreja
orejera
orfebre
orfebrería
organillo
organismo
organista
organización
organizador
orgía
orgullo
orífice
orificio
origen
original
orilla
orillar
ornitología
orografía
orquesta
ortodoxo
ortología
osa
osadía
osado
osamenta
osario
oscilar
óseo
osezno
osificarse
ósmosis
oso
osteítis

ostensible
ostensivo
ostentar
ostra
ostracismo
oración
oval
ovalado
óvalo
ovario
oveja
ovillo
ovino
ovíparo
oxidar
óxido
oxigenado
oxígeno
oyente
ozono

P

pabellón
pabilo, pábilo
pábulo
paceño
pacer
paciencia
pacienzudo
pacificar
pacífico
padecer
página
paginar
paisaje
paisajístico
paisanaje
pajecillo
pajero
palaciego
palacio
paliativo
palidecer
palidez
panacea
panegírico
papagayo
papahígo

parabién
parábola
paradójico
paraguayo
paragüería
paragüero
parahusar
parahúso
parcela
parcial
parecencia
parecer
parihuela
paroxismo
paroxítono
parricida
partición
participar
párvulo
pasaje
pasajero
pasivo
patíbulo
patógeno
pava
pavada
pavana
pavero
pavesa
pávido
pavimentar
pavo
pavonear
pavor
pavoroso
payaso
paz
pazguato
pebete
pebrazo
pecera
pecíolo, peciolo
pedagogía
pedagógico
pedigüeño
pelaje
pelvis
penívoro
peonaje
percepción

perceptible
percibir
perdiz
perecedero
perecer
perejil
perfectible
perigeo
perihelio
perplejidad
perseverancia
perseverar
perspectiva
perspicacia
persuasivo
pertinaz
perturbar
perverso
pervertir
pesadez
pesantez
pez
piececito
pilotaje
pillaje
pincel
pingüe
pingüino
piragüero
piroxena
pisaúvas
piscívoro
pizca
pizpireta
placentero
placer
placidez
plácido
plagiar
plausible
plebe
plebeyo
plebiscito
plexo
pléyade
plumaje
plúmbeo
plusvalía
pluvial
pluviómetro

población
pobreza
pocilga
pócima
poderhabiente
policía
polvareda
polvo
pólvora
polvorín
polvorón
pollo
portavoz
posible
positivo
potable
potaje
práctica
pragmatismo
preámbulo
prebenda
precaver
preceder
precedencia
precepto
preceptor
precisión
precoz
prefulgente
prehistoria
prehistórico
prejuicio
prejuzgar
prerrogativa
presagio
presbítero
prescindir
prescribir
presencia
preservar
presidiario
prestidigitador
prestigio
prevalecer
prevenir
preventivo
prever
previo
primavera
primicia

primitivo
privación
privar
privativo
privilegio
probabilidad
probable
probar
probatura
probeta
probidad
problema
procacidad
procaz
proceder
proceloso
prócer
procesal
procesión
proceso
prodigio
productivo
profecía
progenie
progenitor
prohibir
prohijar
prohombre
prójimo
propicio
prosaísmo
proscenio
proscribir
proteger
protohistórico
provecho
proveer
provenir
proverbio
providencia
próvido
provincia
provocar
proyectar
proyectil
prudencia
prueba
psicología, sicología
psiquiatría, siquiatría
psiquíatra, siquíatra

psiquiatra, siquiatra
psíquico, síquico
pubertad
publicar
publicidad
público
pueblo
pulverizar
putridez
puyazo

Q

quebrada
quebrantar
quebrar
quehacer
quepis
querubín
quevedos
quiebra
quiebro
quilo (líquido)
quincena
quincuagésimo
quinzavo
quirúrgico
quizá
quórum

R

rabadilla
rabanal
rábano
rabel
rabí
rabia
rabieta
rabilargo
rabino
rabioso
rabo
racimo
raciocinar
raciocinio
ración
ramaje

rastrojera
raya
rayar
rayo
reactivo
reagravar
realce
reavivar
rebaba
rebatir
rebato
rebelarse
rebelde
reblandecer
reborde
rebosar
rebotar
rebotica
rebozo
rebrotar
rebuscar
rebuznar
recambiar
recepción
receptáculo
receptivo
receptor
receta
recibidor
recibir
recoger
reconvenir
recoveco
recubrir
redoblar
reducción
reelegir
reembarcar
reembolsar, rembolsar
reembolso, rembolso
reemplazar, remplazar
reemplazo, remplazo
reexpedir
reexportar
reflexionar
refrigerio
regencia
regenerar
regentar
regicida

régimen
regio
región
regir
registrar
rehabilitar
rehacer
rehén
rehilar
rehilete
rehílo
rehuir
rehumedecer
rehusar
reivindicar
rejilla
relativo
relevar
relieve
religión
relojero
reminiscencia
remover
renovar
repoblar
repugnancia
resabio
resbalar
reserva
reservar
resignación
resinación
resolver
resorber
resorción
restrictivo
restringente
restringir
retahíla
retejer
retentiva
reticencia
retorcer
retráctil
retribuir
retribuyente
retroactivo
revacunar
revalidar
revejecer

revelar
revender
reventar
reventón
reverberar
reverdecer
reverencia
reverenciar
reversible
reverso
reverter
revés
reviejo
revirar
revestir
revista
revivir
revocar
revolcar
revolotear
revoltillo
revolución
revólver
revolver (verbo)
revuelo
revuelto
rey
reyerta
ribera (margen del
    mar)
ribete
rígido
rival
rivalidad
rivera (arroyo)
róbalo
robar
roble
robo
robusto
rojez

S

sábado
sábana
sabandija
sabañón
sabedor

saber
sabiduría
sabihondo
sabio
sablazo
sable
sablista
sabor
saborear
sabroso
sabueso
sacabocado
sacabotas
sacabrocas
sacerdote
sagita
sahumar
sahumerio
saldubense
saliva
salubre
salud
salva
salvabarcos
salvación
salvador
salvajada
salvaje
salvajismo
salvar
salvavidas
salve
salvedad
salvilla
salvoconducto
sargento
sauce
saúco
savia
saxofón, saxófono
saya
sayal
sayo
sebo
sección
secesión
seductivo
segundogénito
selva
selvático

septicemia
séptico
septiembre, setiembre
séptimo
servicial
servicio
servidor
servidumbre
servil
servilleta
servir
sesentavo
sexagenario
sexagésimo
sexcentésimo
sexo
sextante
sexteto
sexto
séxtuplo
sexual
silbarita
siberiano
siempreviva
sigilar
sigilo
signar
signatario
signatura
significado
signo
sílaba
silbar
silbato
silbido
silbo
silogismo
silva
silvestre
sinfonía
sinóptico
sintaxis
sirvienta
sobaco
sobar
soberano
soberbia
sobornar
sobrar
sobre

sobrehilado
sobrehumano
sobrellevar
sobrevenir
sobrexceder
socavar
socavón
soliviantar
solsticio
soluble
solventar
solvente
sombraje
somnífero
somnolencia
sonajero
sorber
sorbete
sorbo
sortilegio
soslayar
sotavento
suave
suavizar
subalterno
subarrendar
subasta
subconsciencia
súbdito
súbito
subjetivo
sublevar
subordinar
subrayar
subrepticio
subsanar
subsidio
subsuelo
subterfugio
subtítulo
suburbio
subvención
subvenir
subversivo
subyugar
suscribir
suscripción
suscriptor
sustancia
sustantivo

sustituir
sustraer
sustraendo
sucesivo
sufragio
sugerencia
sugerir
sugestivo
sujeción
sujetar
sujeto
sumergible
sumergir
superávit
superlativo
superstición
superviviente
surgir
susceptible
suspicaz

T

tabaco
taberna
tabernáculo
tabique
tabla
tablado
tablajero
tableta
taburete
tácito
táctica
táctil
tahona
tahúr
tangente
tangible
tapicero
tapiz
tarjeta
taxativo
taxi
taxidermia
técnica
tejedor
tejemaneje
tejer

121

teología
tergiversar
textil
texto
textual
textura
tez
tibetano
tibia
tibio
tiburón
tijera
tinajero
tirabuzón
titubear
tiznar
toalla
toallero
tobillo
tocayo
todavía
tolva
tórax
torácico
torcer
tornaboda
tornaviaje
tornavoz
toxicar
toxina
trabajador
trabajar
trabajoso
trabalenguas
trabar
trabazón
trabilla
trabuco
tragedia
traje
través
travesaño
travesía
travesura
travieso
trayectoria
trébol
tribu
tribulación
tribuna

tribunal
tribuno
tributar
trilingüe
trilogía
tríptico
triunvirato
trivial
trotaconventos
trovador
trovar
troyano
truhán
tuberculosis
tubería
tubo
tubular
turbación
turbante
turbar
turbina
turbio
turbulento
turgente

U

ubérrimo
ubicar
ubre
ujier
úlcera
ultrajar
ultraje
ultrarrojo
ultravioleta
umbilicato
umbilical
umbral
umbrío
unción
uncir
undécimo
ungir
ungüento
unicelular
único
unisexual
unísono

universal
universidad
universitario
universo
unívoco
urbanidad
urbanizar
urbano
urbe
urdimbre
uréter
urgencia
urgente
urgir
urraca
uruguayo
usado
usanza
usar
usía
uso
usted
usual
usuario
usufructo
usura
usurero
usurpador
usurpar
utensilio
utilizar
utopía
uva
uxoricida

V

vaca
vacada
vaciar
vacilar
vacío
vacuna
vacunar
vacuo
vadear
vado
vagabundo
vagancia

vagido
vago
vagón
vagoneta
vaguedad
vahído
vaho
vaina
vainilla
vaivén
vajilla
vale
valedero
valentía
valer
valeroso
valía
validar
valientae
valija
valioso
valor
valorar
vals
válvula
valla (estacada)
valladar
valle
vampiro
vanagloria
vandálico
vandalismo
vanguardia
vanidad
vanidoso
vano
vapor
vaporizar
vaporoso
vapular
vaquero
vara
varar
variable
variar
varicela
varillaje
vario (diverso)
varón
varonil

varsoviano
vasallaje
vasallo
vasco
vasija
vaso
vástago
vasto
vate (poeta)
vaticano (Vaticano)
vaticinar
vatio
vecinal
vecindad
vecindario
vecino
veda
vedar
vega
vegetación
vegetal
vegetar
vegetariano
vehemente
vehículo
veinte
vejación
vejar
vejez
vejiga
vela
velada
velador
velar
veleidad
velero
veleta
velo
velocípedo
veloz
vello (pelillo)
vellón
velludo
vena
venablo
venaje
venal
vencer
venda
vendaje

vendar
vendaval
vendedor
vender
vendimia
veneciano
veneno
venenoso
venerable
venerar
venero
venezolano
venganza
vengativo
venia
venial (falta leve)
venidero
venir
venta
ventaja
ventana
ventanaje
ventanal
ventarrón
ventear
ventero
ventilador
ventilar
ventisca
ventolera
ventosa
ventrículo
ventrílocuo
ventura
ver
veracidad
veraneante
veranear
veraniego
verano
veraz
verbal
verbena
verbigracia
verbo
verdad
verdadero
verde
verdemar
verdinegro

verdolaga
verdoso
verdura
vereda
veredicto
vergel
vergonzante
vergonzoso
vergüenza
vericueto
verificar
verja
vermut
vernáculo
verónica
verosímil
verruga
versado
versar
versátil
versículo
versificar
versión
verso
vértebra
vertebrado
verter
vertical
vértice
vertiente
vertiginoso
vértigo
vesánico
vesícula
vespertino
vestal
vestíbulo
vestido
vestigio
vestir
vestuario
veta
vetar
veterano
veterinaria
veto
vetusto
vez
vía
viabilidad

viable
viaducto
viajante
viaje
viajero
vial
vianda
viandante
viático
víbora
vibración
vibrar
vibrátil
vicario
vicepresidente
viceversa
viciar
vicio
vicisitud
víctima
victoria
vid
vida
vidente
vidriera
vidrio
viejo
vienés
viento
vientre
viernes
viga
vigente
vigésimo
vigía
vigilancia
vigilante
vigilar
vigilia
vigor
vigorizar
vil
vileza
vilipendiar
villa
villancico
villanía
villorrio
vinagre
vinagreta

vinatero
vincular
vínculo
vindicar
vinícola
vinicultura
vino
viña
viñeta
viola
violar
violento
violeta
violín
violoncelo
viraje
virar
virgen
virginal
viril
virreinato
virrey
virtual
virtuoso
virulento
virus
visaje
visar
víscera
viscoso
visera
visibilidad
visión
visionario
visita
visitar
vislumbrar
vistazo
vistoso
vital
viticultura
vitorear
vitrificar
vitrina
vituperar
viudo
vivaz
víveres
vivero
vividor

vivienda
vivificar
vivir
vivo
vizcaíno
vizconde
vocabulario
vocación
vocal
vocalizar
vocear
vociferar
vocinglero
volandero
volante
volapié
volar
volátil
volatilizar
volcán
volcar
voleo
voltaje
voltear
voltereta
voltio
voluble
voluminoso
voluntario
voluta
volver
vomitar
vorágine
voraz
vosotros

votación
votar
voto
vozarrón
vuelco
vuelo
vuelta
vuestro
vulcanizar
vulgar
vulgarizar
vulgata
vuigo
vulnerar

W

wat

X

xenofobia
xilografía
xilórgano

Y

yacente
yacer
yacimiento
yantar

yarda
yate
yegua
yeguada
yegüero
yelmo
yema
yermo
yerno
yerro
yerto
yesca
yeso
yo
yodo
yoduro
yucateco
yugo
yunque
yunta
yute
yuxtaponer

Z

zaherir
zahína
zahúrda
zanahoria
zarabanda
zigzag
zipizape
zuavo
zurcir

Esta obra se terminó de imprimir
el 10 de julio de 1992,
en los talleres de Impresora Publimex, S. A.,
Czda. San Lorenzo núm. 279-32, Col. Estrella Iztapalapa,
C.P. 19820, México, D. F.
Se encuadernó en Acabados Editoriales Anfre'd,
Tapicería núm. 66, Col. 10 de Mayo,
C.P. 15280, México, D. F.
Se tiraron
3 000 ejemplares, más sobrantes de reposición.

KC 100